液化天然气项目
经济评价理论与应用

The Economic Evaluation Theory
and Application of LNG Project

张 超 ◎ 著

化学工业出版社

·北京·

内容简介

《液化天然气项目经济评价理论与应用》在阐述常规经济评价基本理论和方法的基础上，结合液化天然气项目特点，从液化天然气项目经济评价要求及原则、投资融资实务、经济评价实务、不确定性分析等方面全面系统总结了液化天然气项目的经济评价分析方法。并通过具体案例强调了液化天然气项目经济评价分析的实际操作，突出了液化天然气项目经济评价方法的实际应用，深化了对不同项目、不同类型、不同建设阶段的液化天然气项目经济评价方法处理，总结出适用于液化天然气项目的主要指标参数，凝练得出液化天然气项目经济评价多方案优选方法，全方位展示了经济评价在液化天然气项目中的决策支持作用。

本书适用于技术经济专业，可以为从事天然气建设项目工程造价、经济评价工作的读者提供专业性指导，为液化天然气项目建设/施工单位管理者投资决策、运营管理等提供决策支持。

图书在版编目（CIP）数据

液化天然气项目经济评价理论与应用/张超著. —北京：化学工业出版社，2023.11
ISBN 978-7-122-44469-1

Ⅰ.①液… Ⅱ.①张… Ⅲ.①液化天然气-项目管理-经济评价-研究 Ⅳ.① F407.22

中国国家版本馆 CIP 数据核字 (2023) 第 208523 号

责任编辑：仇志刚　高　宁　　　　　　文字编辑：刘　璐
责任校对：李　爽　　　　　　　　　　装帧设计：王晓宇

出版发行：化学工业出版社（北京市东城区青年湖南街13号　邮政编码100011）
印　　装：中煤（北京）印务有限公司
710mm×1000mm　1/16　印张11$\frac{3}{4}$　字数220千字
2024年8月北京第1版第1次印刷

购书咨询：010-64518888　　　　　　　售后服务：010-64518899
网　　址：http://www.cip.com.cn
凡购买本书，如有缺损质量问题，本社销售中心负责调换。

定　　价：98.00元　　　　　　　　　　　　　　　　版权所有　违者必究

前言
PREFACE

在国家"双碳"目标的指引下，天然气作为最清洁环保的化石能源，将迎来新的发展机遇和挑战。根据海关总署统计数据，2023年中国LNG(液化天然气)进口量达7132万吨，是中国天然气供应的重要组成部分。随着国家产供储销体系的建设和油气体制机制改革的持续推进，进口LNG配套基础设施的建设步伐也在提速。

LNG项目逐步呈现出运营主体多元、商务模式多样、决策要素复杂等特征，项目决策面临投资回报机制不明确、数据指标同口径对比不统一的难题，制定统一明确的技术经济方法体系为LNG项目多元主体公平准入提供决策支持尤为重要。基于此，本书作者在大量实践项目经验的基础上，针对LNG项目特点，建立了理论完善、可操作性强的LNG项目经济评价方法理论，并在本书中详细介绍了LNG项目经济评价过程的实际操作流程。本书将理论与实际运用方法高度融合，既是一本系统专业的科技图书，又是一本实用性强的工具书，希望能够有效地帮助广大读者掌握并应用LNG项目经济评价方法。

本书共五章，包括绪论、液化天然气项目投资估算方法与实务、液化天然气项目经济评价方法、液化天然气项目经济评价应用案例、液化天然气项目主要技术经济指标，并附有附录，为读者提供相关术语解释及案例项目测算附表。

本书由中海石油气电集团有限责任公司总工程师、技术研发中心主任张超博士著。中海石油气电集团有限责任公司技术研发中心的周婵、于姣姣、徐双双、翁然然、王静、郑巧珍等人为本书写作提供了相应帮助，参与者均具备良好的学科专业知识，在LNG项目经济评价方法研究和实务操作方面具有丰富的实战经验。

本书在编写过程中，参阅了大量国内外相关教材和著作，在此向所有参考文献的作者表示感谢。由于时间和水平有限，本书难免存在不足和缺陷，还望读者批评和指正。

著者

目录
CONTENTS

第1章 绪论 001

1.1 液化天然气概述　002
   1.1.1 液化天然气及相关产业　002
   1.1.2 中国液化天然气接收站产业现状　003

1.2 液化天然气项目投资估算与经济评价概述　007
   1.2.1 投资估算　007
   1.2.2 经济评价　008
   1.2.3 主要技术经济指标　010
   1.2.4 投资估算与经济评价之间的关系　010

参考文献　011

第2章 液化天然气项目投资估算方法与实务 012

2.1 液化天然气项目投资估算方法　013
   2.1.1 投资估算方法概述　013
   2.1.2 液化天然气项目主要投资估算方法　014

2.2 液化天然气项目投资估算费用构成　015

2.3 液化天然气项目投资估算报告内容及编制步骤　019
   2.3.1 投资估算报告内容　019
   2.3.2 投资估算报告编制步骤　021

2.4 液化天然气接收站项目投资估算实例　022
   2.4.1 项目概况　022
   2.4.2 编制依据及深度　023
   2.4.3 投资估算附表的内容　024
   2.4.4 投资估算文件构成及附表样式　035

2.5 液化天然气接收站项目投资分析　047

2.6 小结　050

第 3 章
液化天然气项目经济评价方法
051

- 3.1 建设项目经济评价概述 052
- 3.2 建设项目经济评价的主要内容 053
  - 3.2.1 建设项目经济评价的目的 053
  - 3.2.2 建设项目经济评价的基础数据 053
  - 3.2.3 建设项目经济评价的基本步骤 054
- 3.3 液化天然气建设项目经济评价总则 055
  - 3.3.1 液化天然气建设项目经济评价原则 055
  - 3.3.2 液化天然气建设项目构成 055
  - 3.3.3 液化天然气建设项目经济评价基础数据 057
  - 3.3.4 液化天然气建设项目经济评价参数 073
- 3.4 液化天然气建设项目经济评价指标及计算方法 074
  - 3.4.1 利润及所得税 074
  - 3.4.2 盈利能力分析 075
  - 3.4.3 偿债能力分析 077
- 3.5 液化天然气建设项目不确定性分析主要方法 078
  - 3.5.1 盈亏平衡分析 079
  - 3.5.2 单因素敏感性分析 080
  - 3.5.3 多因素组合概率分析 081
  - 3.5.4 不确定性分析图表 082
- 3.6 方案经济比选 082
  - 3.6.1 比选目标 082
  - 3.6.2 应用条件 083
  - 3.6.3 比选原则 083
  - 3.6.4 比选方法 083
- 3.7 小结 085

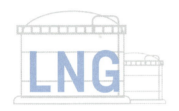

第 4 章
液化天然气项目经济评价应用案例
087

4.1 液化天然气项目经济评价的内在逻辑 088
  4.1.1 液化天然气项目经济评价的主要流程 088
  4.1.2 液化天然气项目经济评价与投资决策研究、设计的关系 089
  4.1.3 液化天然气项目经济评价基础财务报表的编制 091

4.2 液化天然气接收站新建项目经济评价案例 092
  4.2.1 项目概况 092
  4.2.2 投资估算与融资方案 093
  4.2.3 财务分析 094
  4.2.4 不确定性分析 100
  4.2.5 财务分析结论 100

4.3 液化天然气接收站改扩建项目经济评价特点及案例 102
  4.3.1 改扩建项目的概念 102
  4.3.2 改扩建项目的数据类型 103
  4.3.3 改扩建项目财务评价的注意事项 104
  4.3.4 案例 104

4.4 小结 112

第 5 章
液化天然气项目主要技术经济指标
114

5.1 主要技术经济指标的一般性介绍 115
  5.1.1 主要技术经济指标的适用项目及适用范围 115
  5.1.2 主要技术经济指标构建的必要性 116

5.2 技术经济指标的基础构成 116
  5.2.1 设计原则及思路 116

5.2.2 建设期技术经济指标形成基础 117
  5.2.3 运营期技术经济指标形成基础 118
 5.3 技术经济指标分类构建 118
  5.3.1 基于投资效益构建建设期
     主要技术经济指标 119
  5.3.2 基于投入效率构建运营期
     主要技术经济指标 125
  5.3.3 综合指标 132
 5.4 技术经济指标体系的实际应用 133
  5.4.1 指标对比方法 133
  5.4.2 指标对比原则 133
  5.4.3 关键指标确定 133
  5.4.4 指标应用示例 133
 5.5 小结 134

附录
135

附录1 液化天然气项目经济评价相关词汇 136
附录2 辅助财务报表 143
附录3 财务评价报表 156
附录4 敏感性分析 166
附录5 液化天然气项目主要技术经济
    指标表 167
附录6 LNG接收站项目建设投资构成表 168
附录7 LNG接收站项目经济评价附表 170

第 1 章

绪论

1.1 液化天然气概述

1.2 液化天然气项目投资估算与经济评价概述

参考文献

液化天然气作为一种环保、高效的清洁能源，在"碳达峰、碳中和"背景下具有巨大的发展潜力，广阔的市场前景和发展机遇推动了液化天然气项目的规模化增长。然而有限的市场资源使得项目投资可行性论证尤为重要，也使得具有液化天然气项目特点的经济评价方法作用更加凸显。本章将对液化天然气概况、项目经济评价方法特点及其相互关联进行简要介绍，使读者对液化天然气项目及其经济评价方法形成初步认识。

1.1 液化天然气概述

1.1.1 液化天然气及相关产业

（1）液化天然气的定义及特点

液化天然气（liquefied natural gas，LNG）是天然气经压缩、冷却至其凝点（-161.5℃）后变成液体形态的一种化石能源，主要成分为甲烷，无色、无味、无毒且无腐蚀性，体积约为同质量气态天然气体积的1/625。

（2）液化天然气的产业链

LNG产业链包含LNG生产、运输、储存、消费等环节，是一个体量庞大、技术密集的产业，其各环节之间紧密关联、有序衔接、耦合配套、协同发展。

LNG产业链是"供需链、价值链、企业链、空间链"的高度协同，具有完整性、层次性和指向性特征。从供需链角度讲，LNG供需链以天然气流向为基础，是天然气上、中、下游气液相态相互转化的业务链条；从价值链角度讲，LNG价值链各环节虽然资金需求大，但能够实现价值增值；从企业链角度讲，LNG企业链参与门槛高、建设周期长，以资金雄厚的大型能源企业参与为主；从空间链角度讲，LNG空间链具有明显的资源禀赋指向性和区域经济活动指向性，如在我国主要集中分布于资源接卸便利、清洁能源需求较大的沿海省份。本书重点从供需链角度出发，介绍LNG供需链上游、中游和下游三个环节的相关内容。

上游主要包括天然气的勘探开发、净化分离和低温液化等环节；中游主要包括海洋/陆地运输、接收终端及配套输气干线的建设运营等环节；下游即终端市场用户，包括天然气电厂、城市燃气、工业炉、工业园区和建筑物冷热电多联供的分布式能源站等，以及向下延伸的LNG卫星站、CNG（压缩天然气）加气站、LNG加注站、

LNG冷能综合利用等与LNG相关的所有产业。整个产业链的天然气流动过程为：上游气田勘探、开采和收集的天然气经过脱水、脱烃和重质烃类物质等处理后，被输送至液化厂进行液化形成LNG，根据最终用户地理位置，或经槽车等短途方式直接运输至终端市场用户，或经专用船舶等长距离运输至沿海LNG接收站后被气化为天然气，最后通过分配槽车或管道输送到终端市场用户。

（3）我国液化天然气的项目类型

受制于资源有限性，我国境内的LNG项目主要集中在产业链的中下游领域，应用于调峰贮备、发电、中小城镇居民日用、车船燃料等。根据应用场景及用途，LNG项目类型可分为天然气液化厂项目、LNG接收站和输气干线项目（LNG站线项目）、城市燃气管网项目、燃气电厂项目、卫星站/气化站项目、LNG车船加注项目等。

LNG接收站资金投入大，对企业投资决策能力要求高，是接收海外进口LNG的唯一形式，是整个LNG产业链上承上启下的关键环节。现阶段，我国多以LNG接收站为核心，形成了上中下游一体化运作的LNG产业链结构模式。因此，本书主要以LNG接收站为例，阐述工程项目投资决策的方法及应用，以期更专业地指导相关项目的开展。

1.1.2　中国液化天然气接收站产业现状

我国存在天然气资源禀赋不足、地区分布不均等特点，经济发达的中东部地区长期以进口LNG弥补需求缺口。伴随我国经济高质量转型发展叠加"煤改气"等低碳政策推行，天然气因其清洁、高效的特性而消费增量明显，导致国内天然气供需不平衡的现象进一步加剧，需大量进口以满足地区经济发展需求。LNG极具调峰保供的灵活优势，由此接收站项目的投资与建设也得到了快速发展。

（1）已建液化天然气接收站项目

自1999年底我国批准第一个进口LNG试点工程（中国海油集团建设运营管理的广东LNG试点工程总体项目）以来，截至2022年底，我国已建成投运LNG接收站共24座，合计接收能力为10620万t/a，约合1465亿m^3/a。以LNG接收站接收能力和储罐存储能力为量化指标，对已建LNG接收站项目的区域分布情况和市场集中度情况进行简要分析。

① 区域分布　受天然气资源禀赋影响，我国LNG的供应主要来源于澳大利亚、

美国、沙特阿拉伯等海外资源地，需要船舶承运和港口接卸，因此LNG接收站项目主要集中在辽宁、天津、河北、山东、江苏、浙江、福建、广东、广西、海南等沿海省份或直辖市。具体区域分布占比情况如下：华东地区LNG接收站接收能力和LNG储罐存储能力占比最高，分别为46.89%和55.13%；华南地区次之，分别为26.74%和25.78%；其次是华北地区，分别为20.72%和15.59%；最后是东北地区，分别为5.65%和3.5%。华中地区、西南地区和西北地区因位置处于内陆且具备国产管道气的资源优势而无LNG接收站的建设需求，港澳台地区则主要依托华南地区部分省份供应天然气。2022年底我国已建成LNG接收站区域分布情况见表1-1。

表1-1 2022年底我国已建成LNG接收站区域分布情况

序号	所在区域	接收能力/（万t/a）	接收能力占比/%	储罐存储能力/万 m^3	储罐存储能力占比/%
1	东北地区	600	5.65	48	3.50
2	华北地区	2200	20.72	214	15.59
3	华东地区	4980	46.89	757	55.13
4	华南地区	2840	26.74	354	25.78
5	华中、西南、西北、港澳台地区	—	—	—	—
合计		10620	100	1373	100

② 市场集中度　LNG接收站行政准入严格、资金和技术门槛高，其建设和运营主体主要为大型能源央企。截至2022年底，我国LNG接收站总接收能力大于2000万t/a的企业有国家管网集团、中国海油集团；总接收能力在1000万～2000万t/a的企业有中国石油集团、中国石化集团；总接收能力在1000万t/a以下的企业有申能集团、广汇能源、九丰能源、深圳燃气集团、新奥能源集团和杭燃集团等。2022年底我国已建成LNG接收站所属集团市场集中度情况见图1-1。

（2）在建液化天然气接收站项目

受2017年大规模"煤改气"导致天然气供应不足的影响，我国鼓励LNG接收站做大做强储气业务以保障天然气供应安全。为补齐储气调峰短板，LNG接收站建设呈快速增加趋势，新增项目以优先推进现有LNG接收站扩建为主，以满足调峰需求为发展重点，且接收站运营主体呈现多元化发展趋势：预计未来五年间，我国将建成投运LNG接收站共31座，新增接收能力与已有接收能力相当；河北、山东、辽宁等北方冬季采暖大省成为LNG接收站规划布局的重心，约49%的新增接收能力和43%的

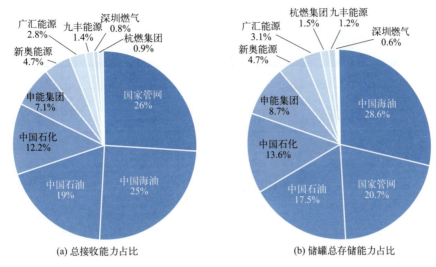

(a) 总接收能力占比　　　　(b) 储罐总存储能力占比

图1-1　2022年底我国已建成LNG接收站所属集团市场集中度情况

新增储罐存储能力布局在环渤海等冬季采暖负荷中心；与已建接收站对比，更多的市场化主体参与到LNG接收站的投资建设中，2023年及其后投产的LNG接收站项目中约有64%的接收能力、59%的储罐存储能力来源于北京燃气、广东能源、华瀛集团等新增运营主体。2022年在建接收站情况如表1-2所示。

表1-2　2022年在建接收站情况

序号	名称	所属集团	所在省份	预计投产时间/年	接收能力/(万t/a)	储罐数量×单罐容积/万m³
1	天津南港接收站二期	中国石化	天津	2023	480	5×22
2	天津南疆港接收站二期	国家管网	天津	2023	600	6×22
3	龙口南山接收站一期	国家管网	山东	2023	500	6×22
4	天津接收站一期	北京燃气	天津	2023	500	2×22+2×20
5	曹妃甸接收站	新天绿能	河北	2023	500	4×20
6	润祥高桥港区接收站	江苏润祥	江苏	2023	130	2×10+2×0.025
7	芜湖长江内河接收站	淮河能源	安徽	2023	200	2×8+1×16
8	温州华港LNG	华峰集团	浙江	2023	300	2×16
9	广州燃气调峰项目	广州燃气	广东	2023	100	2×16
10	青岛董家口三期	中国石化	山东	2024	400	1×27

续表

序号	名称	所属集团	所在省份	预计投产时间/年	接收能力/(万t/a)	储罐数量×单罐容积/万m³
11	江苏滨海扩建	中国海油	江苏	2024	300	6×27
12	珠海金湾二期	中国海油	广东	2024	350	5×27
13	天津接收站二期	北京燃气	天津	2024	500	4×22
14	君安申能大麦屿LNG项目	君安/申能	浙江	2024	200	2×10
15	迭福北LNG调峰站	广东能源	广东	2024	400	4×20
16	福建漳州接收站	国家管网	福建	2025	300	2×16
17	国信LNG储运调峰项目一期	江苏国信	江苏	2025	295	3×20
18	潮州接收站	华瀛	广东	2025	600	3×20
19	阳江接收站	广东能源	广东	2025	200	2×16
20	广东惠州接收站一期	广东能源	广东	2025	400	3×20
21	广西北海LNG二期	国家管网	广西	2025	300	2×20
22	龙口港接收站一期	中国石化	山东	2026	650	4×22
23	迭福北接收站一期	国家管网	广东	2026	300	4×20
24	温州小门岛接收站	浙能	浙江	2023	300	4×20
25	曹妃甸接收站二期	新天绿能	河北	2026	500	4×20
26	中交营口接收站	中交集团	辽宁	2026	620	4×20
27	华电赣榆LNG接收站	华电集团	江苏	2026	300	3×22
28	烟台西港接收站	协鑫	山东	2027	500	5×20
29	嘉盛燃气LNG储备站	嘉盛燃气	江苏	2027	200	2×10+1×16
30	潮州接收站一期	华丰	广东	2027	100	2×10+2×16
31	广西北海LNG三期	广西燃气	广西	2027	600	4×22+4×27
32	江阴接收站	中天泓海	江苏	搁置	200	2×8
	合计				11825	2324.05

随着我国持续深化油气体制改革，有序放开竞争性环节，日益多样化、分散化和复杂化的LNG接收站建设及运营主体将导致LNG接收站项目在未来存在更大的风险和更多的机会。与此同时，LNG接收站建设运营主体最主要的工作重心也逐步从完成生产任务转向追求项目投资效益。因此，确定科学合理、准确有效的经济评价方法对于项目方案的正确决策具有重要意义。

1.2 液化天然气项目投资估算与经济评价概述

经济评价是对LNG项目建设与运营进行投资效益评价的重要工作，而投资估算是进行项目经济评价测算的基础和必要前提，两者相互作用，互为因果。在项目前期决策阶段，尤其在可行性研究阶段做好投资估算和经济评价分析工作，是论证项目可行性和保障决策合理性的关键。以下将简要概述LNG项目可行性研究阶段所涉及的投资估算和经济评价的作用及特点，并阐述两者在工程项目投资决策运用中的关系。

1.2.1 投资估算

（1）投资估算的定义和作用

投资估算是在基本确定项目建设规模、建设地点、技术方案及进度安排的基础上，基于动态与静态相结合的原则，对投资决策阶段建设项目总投资的预测和估计。投资估算具有较强的概括性和综合性，既可以对工程项目设计概算、施工预算起控制作用，又可作为未来竣工决算时的对比数据，是项目投资决策、施工管理的重要参考和依据。

（2）LNG项目投资估算特点

LNG项目建设与一般工程项目类似，但又不同于一般工程项目。除一般影响项目投资估算的因素，如建设规模、建设地点、技术方案、设备方案、工程方案和环境保护措施外，LNG项目投资估算还具有以下特点：

① LNG项目投资金额高、建设周期长　LNG项目尤其是LNG接收站工程项目是一项复杂程度较高的系统性工程，施工安全性、设备材料先进性和工艺实用性等均须符合国家安全标准。如前期考虑不充分，或将导致项目安全风险事故、建设成本失控、运营亏损等情况的出现，从而造成企业投入资金的重大损失。因此，必须在LNG工程建设前期制定科学合理的工程技术方案、经济方案和资金使用计划，才能保证工程项目的顺利完成。

② 受技术进步水平影响较大　技术进步可推动LNG接收站单位规模造价、单位罐容造价等指标大幅降低，对LNG项目投资估算总投资影响较大，尤其是LNG接收站工程项目。自2006年我国首座LNG接收站投产以来，主要设备材料如高压泵、气化器、9%Ni钢等从全部依赖于国外采购到逐步实现了国产化替代，极大降低了工程项目的造价成本；最为重要的是我国通过技术攻关，实现了LNG储罐的自主设计建

造，并逐步突破了 30 万 m^3 罐容的设计极限，最大程度提高土地资源利用率，发挥了项目规模化优势。

③ 设备材料费用占比高　LNG 的技术先进性决定了 LNG 项目要有先进的设备。天然气存储、液化、气化等设备设施是 LNG 项目中最为重要的一环，要在工程造价中予以充分考虑。以 LNG 接收站项目为例，LNG 储罐作为产业链上的关键装备采用了能源领域的尖端技术，对安全性要求极高，造价高昂；与此同时，卸料臂、BOG（蒸发气体，指液化天然气蒸发产生的天然气）压缩机等关键设备仍然主要依赖进口，备品备件采购周期长，后期维修成本高。虽然高压泵等设备已经实现了国产化，但国内厂家缺乏对部分核心零部件的掌控力，且设备国产化程度不高。因此，设备购买及安装调试费用在项目投资中占比较高，推动设备、材料国产化技术攻关是降低项目投资的重要手段。

1.2.2　经济评价

（1）经济评价的定义与作用

① 经济评价的定义　经济评价是对特定经济活动、项目或决策等的经济合理性进行系统性计算和分析，衡量其收益、成本等经济价值，从而为项目决策者提供相关建设性建议。经济评价包括国民经济评价和财务评价两个层次，本书从财务评价角度对 LNG 项目进行经济评价方法和实务操作的介绍。

② 经济评价在 LNG 项目中的作用　LNG 项目投资周期长，后期运营受资源价格与市场影响较大，在前期决策阶段运用科学的分析方法，对拟建项目的财务可行性进行分析论证，评估拟投资项目的经济效益，能有效评估项目实施可行性，研判项目投资风险，为企业投资决策提供可靠的依据。经济评价是 LNG 项目前期决策的重要工作，也是项目前期建议书或可行性研究阶段的重要组成部分。

（2）LNG 项目经济评价基础方法及计算步骤

现金流量折现法是进行 LNG 项目经济评价的基础方法，是指在考虑项目全生命周期现金流量和资金时间价值的基础上，通过对现金流量进行折算来评估项目的投资效益，从而客观准确地对项目方案进行经济性比较。

LNG 项目经济评价在可行性研究阶段的计算步骤为：根据国家现行财税制度和价格体系，一般使用直接收益与直接成本，通过建立项目各收入项与成本项之间的逻辑关系，分析计算项目的财务效益和成本费用，编制总成本费用估算表、营业收入及税金估算表、利润与利润分配表、流动资金估算表及借款还本付息计划表。根据投资估算得出的建设投资及固定资产进项税，编制项目总投资使用计划与资金筹措表、折旧和摊销估算表。结合上述报表出具的财务数据，编制资产负债表及财务计划现金流量表，编制项目全投资现金流量表及资本金现金流量表，展现项目预计投资额及收益；根据财务报表计算各项财务指标并进行不确定分析，由此判断项目是否具有经济可行性。

（3）LNG项目经济评价的特点

① 受市场风险影响较大　就LNG项目来讲，国际地缘政治或自然灾害等不可抗力因素极易导致LNG进口资源采购停滞，进而造成中下游合同履约风险；地区市场资源需求不足，将会导致基础设施压量压产、资源周转利用率低，直接影响项目收益水平。应以经深入调研分析、科学计算的市场量为经济评价测算基础。LNG价格受国际油价及国际供需形势影响较大，如果LNG价格较高，在区域市场缺乏竞争力，或将面临购销倒挂风险。因此，对LNG项目周转量、资源成本等因素进行敏感性分析是十分必要的。

② 与国家、行业政策密切相关　LNG是我国重要的清洁能源之一，关乎国计民生，受外部环境影响较深。尤其是LNG站线项目建设周期一般长达3~5年，这期间世界能源供需情况、国际地缘政治、国家能源政策、财政政策、替代能源发展速度等宏观环境的变化，均会对项目经济评价结果产生较大的不确定性影响。不良影响严重时可能会导致投资决策阶段项目前景利好，而实际运营阶段产生严重亏损的情况发生。如果在决策阶段相应风险预估不足，可能会造成投资资金的极大浪费。

③ 成本监审直接影响项目盈利模式　能源行业是国家实行成本监审的重点领域，这也直接影响了LNG项目的营运能力。随着国家油气体制改革进程加快，现阶段我国正在逐渐开展LNG接收站气化服务费、天然气管道运输定价等成本监审工作，对相应服务费用进行监管。如广东省明确规定"除广东大鹏LNG接收站外，已投运的各接收站气化服务价格，暂按不高于现行与接收站使用方签订的气化加工费执行，新投产的接收站气化服务费不得高于已投产接收站气化服务价格"❶。这对油气基础设施向第三方公平开放具有重大意义。但对于LNG站线项目投资运营主体来说，对其服务价格进行监管也进一步加大了LNG项目的运营压力。

---

❶ 广东省发展改革委《关于省内进口液化天然气接收站气化服务价格有关问题的通知》。

1.2.3　主要技术经济指标

技术经济指标可助力决策者对比判断不同建设方案、不同建设时间、不同项目类型间的效益差异，通过量化指标解析差异原因，从而可对多方案项目进行比较论证和优化，具有十分重要的现实意义。

基于LNG项目技术特点，结合项目投资估算与经济评价要素，本书确定了LNG接收站项目的主要技术经济指标及其计算方法。LNG接收站项目的建设规模、外输能力、储罐容量等技术指标明晰，建设投资结构划分、投入与产出、收入与成本等经济指标明确，基于此构建了具有明显层次性、关联性和适用性的相对指标，应用于LNG接收站项目规模效益、技术及其应用程度、经济收益及成本等的测量和评价，其他LNG项目如储气库、转运站和加注站等可根据自身项目特点参照使用。在实际应用中基于技术经济指标建立相应的LNG项目指标数据库，具有数据滚动积累的动态性，可助力决策者精准解析拟建LNG项目投资水平与行业平均水平的差距，也可通过历史项目比对确定优先项目，将有效资金转移到提高投资效益较高的关键项目中去。

1.2.4　投资估算与经济评价之间的关系

在可行性研究阶段，基于确定的投资估算与经济评价方法对拟投资项目进行效益费用分析，同时考察其相应技术经济指标并实际应用于LNG项目的投资决策支持中，是一个全面而系统性的工作。

估算项目的投资总额是进行项目经济评价的基础前提，投资估算的准确性将直接影响经济评价财务指标的可靠性，经济评价与投资估算相辅相成，缺一不可。LNG项目投资估算和经济评价在同一阶段顺序计算、递进分析，两者相互补充又互为条件：在LNG项目中，投资估算结果通常作为经济评价中建设投资、固定资产进项税、无形资产、其他资产等的输入条件，经济评价反馈的建设期利息及流动资金是投资估算总投资的重要组成部分。

LNG项目主要技术经济指标是投资估算和经济评价对项目起决策支持作用的重要体现。基于LNG项目投资估算和经济评价测算得出的经济结果是构建LNG项目技术经济指标的数据来源，在此基础上历史或同期项目的技术经济指标数值也可以作为指导拟建项目投资估算和经济评价测算水平的重要依据，三者共同为评估LNG项目及其建设、运营企业的经济效益提供数据支持及决策依据。

参考文献

[1] 邢云. 液化天然气项目管理手册[M]. 北京：石油工业出版社，2012.

[2] MOKHATAB S, MAK J Y, VALAPPIL J V, WOOD D A. 液化天然气手册[M]. 中海石油气电集团有限责任公司技术研发中心，译. 北京：石油工业出版社，2016.

[3] 邓子渊. 油气经济评价理论与应用[M]. 北京：中国石化出版社，2021.

第 2 章
液化天然气项目投资估算方法与实务

2.1 液化天然气项目投资估算方法

2.2 液化天然气项目投资估算费用构成

2.3 液化天然气项目投资估算报告内容及编制步骤

2.4 液化天然气接收站项目投资估算实例

2.5 液化天然气接收站项目投资分析

2.6 小结

掌握LNG项目投资估算方法与实务操作流程，将能有效指导LNG工程项目的投资估算编制工作。本章节将以LNG接收站项目为示例，基于丰富的行业积累和项目经验，阐释LNG项目投资估算方法及特点，并以典型案例为切入点对编制新建LNG接收站投资估算的实务操作流程进行详细讲解。

2.1 液化天然气项目投资估算方法

2.1.1 投资估算方法概述

投资估算方法众多，常用方法包括生产能力指数法、朗格系数法、比例估算法、指标估算法、工程量法等。

（1）生产能力指数法

生产能力指数法又称为指数估算法，是一种在单位生产能力估算法基础上改进而来的方法。该方法的主要思想是以已建成的相似项目作为参考，在已建成项目的生产能力和投资额的基础上估算拟建项目的投资额。该方法适用于拟建项目与已建成项目规模相差不大于50倍的情况，优点是不需要详细的工程设计资料，常适用于决策初期的投资估算编制，缺点是可能存在较大的估算偏差。

（2）朗格系数法

朗格系数法属于系数估算法，是世界银行通用的投资估算方法。该方法首先计算主要设备费用并作为基数，将总建设费用与主要设备费用之比设定为朗格系数，然后得出直接成本和间接成本，将两者相加得出项目建设的总成本费用。该方法适用于石化、化工等设备费用占比较大的工程项目，优点是应用相对简单，缺点是投资估算的精度不高，结果易受自然、经济等外部条件的影响。

（3）比例估算法

比例估算法假设同类项目主要设备费用占全部建设投资的比例是相似的，由此可通过参照同类项目主要设备投资占项目建设总投资的比例，根据拟建项目的主要设备费用估算其建设总投资。该方法适用于可行性研究阶段的项目投资估算，采用这种方法时需准确把握恰当的比例关系，且用于推算总投资的各分项投资金额需保持相对稳定。

(4) 指标估算法

指标估算法首先将拟建项目划分为各单位工程，再分别套用投资估算指标来估算各单位工程投资额，最终汇总形成建设项目总投资。该方法相对简便易行，能够有效减少估算时间，但由于项目各单位工程的数据存在不确定性，因此一定程度上影响了估算结果的精度。

(5) 工程量法

工程量法是基于工程量数据进行投资估算的方法。该方法将工程量乘以对应的投资估算指标、单价或定额等，经归集后得出所估算的投资结果。该方法的优点是估算精度相对较高，缺点是对项目适用范围有一定要求，所评价项目应具有较为详细的设计方案，设计深度能满足工程量输出的需求。

2.1.2　液化天然气项目主要投资估算方法

一般在进行 LNG 项目投资估算编制工作时会综合使用上述投资估算方法，并结合项目研究深度要求、项目资料完备程度、技术方案详略程度等实际情况有所侧重。

生产能力指数法、朗格系数法和比例估算法一般应用于 LNG 项目建议书阶段和预可行性研究阶段，对项目投资进行粗略匡算或估算。指标估算法和工程量法多应用于项目可行性研究阶段，适用于依托工程设计方案及确定的工程量对项目投资进行详细估算。下面将重点介绍 LNG 项目在可行性研究阶段的主要投资估算方法，同时阐述 LNG 接收站在投资估算编制过程中需重点关注的易混易错点，以期给读者更为有效的实务操作指导。

指标估算法与工程量法相结合是 LNG 项目常用的投资估算方法。该方法要求项目工程方案达到一定的设计深度，能够提出主要的技术工程量，如单位工程或者分部分项工程能够出具主要设备规格表、主要设备材料清单和建筑工程量等。在实际编制中，该方法主要用于项目工程费用的编制，在技术人员提供各分部分项工程量的基础上，综合考虑主要设备、材料的单价计算设备购置费和主要材料费，建筑工程费一般采用估算指标法。以 LNG 接收站为例，主要的工艺设备如卸料臂、BOG 压缩机、高压泵、仪表阀门等，主要材料如管材、电缆等价格，多结合历史项目中标价格、厂家询价、项目所在地市场价和信息价，并考虑一定的不确定因素；建筑工程如 LNG 储罐桩基、储罐外罐、管廊、压缩机厂房等则分别以"元/m^3""元/座""元/m""元/m^2"等指标价格确定单价。安装费在可行性研究阶段一般参照国内类似项目按比例估算法计取,以同类分部分项工程费中安装费占设备购置费和主要材料费之和的比值为系数,按"项"计取。基于上述规则确定建设项目各项单价,乘以相应的工程量,则可求出相应的分部分项工程费用,逐步汇总形成各单位工程费用、单项工程费用和总工程费用。

在运用指标估算法时不可按照历史项目数据生搬硬套,还需根据项目实际情况进行调整,主要有以下两点供参考:

① 应根据不同建设地区、建设时间、建设条件等进行调整。不同项目因建设地区、建设时间不同,人工、材料与设备的价格略有差异,调整方法可以将人工消耗、主要材料消耗或"工程量"作为计算依据,调整相应的单价系数,如LNG土建指标中所涉及的混凝土单价可根据项目建设地及编制时期对应价格调整。也可根据有关部门或企业颁布的(定额或人工、材料价)调整系数进行相应调整。

② 使用指标估算法进行投资估算时需对工艺流程、定额、价格及费用标准进行分析,不可生搬硬套,经过实事求是的调整换算后,才能有效提高精确度。

2.2 液化天然气项目投资估算费用构成

LNG项目的投资估算费用构成遵循中华人民共和国住房和城乡建设部发布的《建设项目总投资费用项目组成》文件规定,一般情况下LNG项目可行性研究阶段的总投资由含税建设投资、流动资金和建设期利息等组成,其中,含税建设投资由固定资产费用、无形资产费用、其他资产费用、预备费及增值税构成。在进行具体项目编制时可根据建设单位所要求的相关国家或企业规范要求进行调整。

(1)含税建设投资

① 固定资产费用　LNG项目固定资产费用包括工程费用及固定资产其他费用。

工程费用由设备购置费、安装工程费(含主要材料费和安装费)、建筑工程费构成。

固定资产其他费用一般包括:征地补偿费和租地费、建设项目前期费用、工程建设管理费、专项评价及验收费、研究试验费、可行性研究报告编制费、勘察设计费、临时设施费、进口设备及材料国内检验费、工程保险费、联合试运转费、特种设备安全监督检验费、超限设备运输特殊措施费、其他费用等,具体费用需综合考虑建设单位相关规定后确定。

值得注意的是,针对固定资产其他费用,在编制估算时可根据项目实际需求新增或删减相应的细项费用。例如：LNG改扩建项目依托已建项目土地，则无需计取征地补偿费和租地费；LNG接收站项目码头工程所涉海域根据项目实际和建设单位需求需计取渔业补偿费的，按实际需求计取。新增固定资产其他费用估算金额一般根据国家、省份及行业规定、已签订合同额或参考国内类似项目计取。

② 无形资产费用　无形资产费用是指企业拥有或者控制的没有实物形态的可辨认非货币性资产，一般由土地使用权出让金及契税、特许权使用费、其他费用等构成。土地使用权出让金及契税在具体项目发生时依据有关政策规定计取；特许权使用费一般按专利使用许可协议和专有技术使用合同的规定计列，并且只需计取在建设期支付的专利及专有技术使用费。

在LNG项目中常见的无形资产费用主要为特许权使用费（如LNG接收站项目的储罐专利费）和土地出让金及契税。水权置换费、排污权购买费碳排放权交易费、环保总量转让费等一般很少发生，如发生计入其他无形资产费用中。

③ 其他资产费用　其他资产费用由生产准备费、出国人员费用、来华人员费用和引进部分图纸资料翻译复制费构成。

④ 预备费　包括基本预备费和价差预备费。

基本预备费指在施工过程中，因批准的设计变更、国家政策性调整、解决意外情况而采取措施所增加的投资，一般分为国内预备费和国外预备费两个部分。

价差预备费是考虑价格上涨、费率及汇率等变化引起的投资增加而事先预留的费用。根据原国家计委《关于加强对基本建设大中型项目概算中"价差预备费"管理有关问题的通知》（计投资〔1999〕1340号），大中型项目不计列价差预备费，因此在进行LNG项目估算时一般不计列此项。

⑤ 增值税　指应计入LNG项目总投资的增值税进项税额。由于LNG项目估算编制实行价税分离，以上介绍的工程费用、固定资产其他费用、无形资产费用、其他资产费用及预备费均不包含增值税，故增值税按规定费率单独计列。

增值税的计算方法为：

$$增值税=不含税价格×增值税税率$$

增值税税率按照国家相关规定执行。

（2）流动资金

流动资金是项目在运营期长期占用并周转使用的营运资金。如LNG接收站项目的流动资金指LNG接收站项目建成投产后为维持项目正常生产和经营，用于购置原材料、燃料以及支付工资和其他生产、经营费用等所需的周转资金。在编制LNG项目投资估算表时,该项费用一般通过经济评价测算完成并汇总至项目总投资。

(3)建设期利息

建设期利息是指筹措债务资金时在建设期内发生并按规定允许在投产后计入固定资产原值的利息。费用内容包括银行借款和其他债务资金的利息,以及其他融资费用。在编制LNG项目投资估算时,该项费用一般通过经济评价测算完成并汇总至项目总投资中。

LNG项目投资估算具体费用构成详见表2-1。

表2-1 LNG项目投资估算费用构成表

建设项目总投资	工程费用	设备购置费	
		安装工程费	主要材料费
			安装费
		建筑工程费	
	固定资产其他费用	征地补偿费和租地费	
		建设项目前期费用	
		工程建设管理费	建设单位管理费
			工程质量监管费
			建设工程监理费
			设备监造费
			造价咨询费
			建设单位健康安全环境管理费
			工程造价计价体系建设与管理费
		专项评价及验收费	环境影响评价及验收费
			安全预评价及验收费
			职业病危害预评价及控制效果评价费
			地震安全性评价费
			地质灾害危险性评价费
			水土保持评价及验收费
			节能评估费
			危险与可操作性分析评价费
			其他专项评价及验收费

续表

建设项目总投资	固定资产其他费用	研究试验费	
		可行性研究报告编制费	
		勘察设计费	勘察费
			设计费
		临时设施费	
		进口设备、材料国内检验费	
		工程保险费	
		联合试运转费	
		特种设备安全监督检验费	
		超限设备运输特殊措施费	
		其他费用	
	无形资产费用	专利及专有技术使用费	
		土地使用权出让金	
	其他资产费用	生产准备费	生产人员提前进厂费
			生产人员培训费
			办公及生活家具购置费
		出国人员费用	
		来华人员费用	
		引进部分图纸资料翻译复制费	
	预备费	基本预备费	
		价差预备费	
	增值税		
	流动资金		
	建设期利息		

2.3 液化天然气项目投资估算报告内容及编制步骤

投资估算是项目可行性研究报告的核心内容之一。在掌握项目建设规模、技术方案、总图方案、设备方案、组织方案及进度计划等基本资料的基础上，会逐步对拟建项目在建设期全部的分部分项工程投资数额、单位工程投资数额、单项工程投资数额及总投资额进行估算，形成投资估算附表。同时，结合项目基本情况及投资估算编制要求形成投资估算报告，供项目建设单位决策参考使用。编制LNG项目的投资估算附表及报告应首先了解其内容及编制步骤，以下将对其进行简要介绍。

2.3.1 投资估算报告内容

LNG项目投资估算工作形成的成果文件一般包括投资估算报告和投资估算附表两大部分。投资估算报告用于展示投资估算编制依据、编制方法和编制过程等重要内容。投资估算附表展示了LNG项目具体的投资估算数据结果。LNG项目投资估算报告的主要内容一般包括项目概况、编制范围、编制依据、编制说明、投资分析结果、资金筹措方案等六部分。

（1）项目概况

该部分内容需简要概述拟投资LNG项目的名称、建设地点、建设规模、建设周期、主要工艺技术、建设项目性质（新建及改、扩建）等主要内容。改扩建及技术改造项目要说明依托工程内容，如有引进项目则应说明其引进范围和内容等。

（2）编制范围

主要阐述投资估算编制文件中工程费用所涉及的工程范围。如果涉及工程范围划分且需由多家单位共同编制投资估算文件，应明确总体编制单位。一般由总体编制单位负责统一确定投资编制原则、取费标准等，并汇编建设项目总投资；参编单位负责编制各自承担的工程范围对应的估算文件。

① 明确投资估算范围，简述总投资构成要素，如建设投资、建设期利息、流动资金等。编制内容应结合技术方案，做到内容覆盖全面，工程内容与费用构成齐全。在可行性研究阶段，由于技术输入条件不成熟往往无法出具详细的工程量清单，此时尤其应当注意投资估算需结合项目经验对相关费用予以补充考虑，做到不缺项、不漏项。

② 明确LNG项目工程范围，涉及合作单位共同编制时应当简述工程及投资界面

划分情况。对于LNG接收站项目，工程内容应当根据建设地点周边环境及设施情况而定，较为全面的工程内容包含码头工程、取排水工程、接收站工程、外输管线工程和外电工程等，对应工程的投资估算应由具有相应专业资质能力的设计院完成，并在总设计说明中予以分工描述。

（3）编制依据

编制依据是编制项目投资估算所依据的原则和标准，是投资估算报告中不可或缺的部分，对于保证投资估算编制质量、帮助报告使用者了解估算编制合理性和可行性具有至关重要的作用。LNG项目投资估算的编制依据一般包括：国家及地方政府相关文件、行业相关规范文件、企业相关规定文件、项目前期建议书、工程技术资料、建设单位提供的其他资料等。

① 国家及地方政府相关文件　国家政策要求以及相关部门发布的文件、通知、公告等，如财政部、税务总局、海关总署公告2019年第39号《关于深化增值税改革有关政策的公告》。

项目建设所在地政府对工程建设项目强制性或建议性的相关文件，如建设单位要履行现场扬尘污染防治责任，则需计取"扬尘污染防治专项费用"；鼓励建设单位创建优质工程，可计取工程"按质论价费用"。具体执行一般根据项目实际所需并遵照项目建设所在地发布的文件内容计取。

② 行业相关规范文件　行业标准、专门机构发布的费用标准、价格指数等，如中国石化设计概预算技术中心站发布的工程所在地设备材料价格信息、主材费调整系数，项目所在地工程造价管理单位发布的材料市场信息价、建设工程造价指数等等。

③ 企业相关规定文件　建设单位所属企业发布的相关指南、定额、标准及其他文件等。如某大型油气集团发布的《中下游建设项目可行性研究投资估算编制办法》《中下游建设项目设计概算及投资估算其他费用定额》等。

④ 项目建议书　项目建议书是进行项目可行性研究工作的重要基础。拟建项目的前期调研和分析工作一般在项目建议书阶段完成，可行性研究阶段会基于项目建议书对项目财务数据进行深入研究和分析。

⑤ 工程技术资料　项目技术设计文件、技术方案中的主要工程量、主要设备询价文件、同类项目参考资料等。

⑥ 建设单位提供的其他资料　项目已签订合同金额，如建设单位已签订的可行性研究报告编制费、已完成项目环境影响评价及验收的合同等；建设单位提供的其他

基础数据资料。

（4）编制说明

相关参数、主要设备材料价格水平说明、特殊说明（包括不限于采用新技术、新材料、新设备或新工艺等）。

（5）投资分析结果

对项目总投资金额进行概括性说明，主要展示建设项目总投资、项目建设投资、固定资产费用（工程费用、固定资产其他费用）、无形资产费用、其他资产费用、建设期利息、流动资金和增值税等的合计金额，使报告使用者对项目投资情况有整体性认识。具体投资细项详见投资附表。

（6）资金筹措方案

对资金筹措方案进行说明。LNG 项目最常见的资金筹措方式一般为自有资金和银行贷款组合，该部分规定了拟建项目的自有资金比例、银行贷款利率、借款期限，对项目资金来源、资金使用计划和债务资金成本分析进行详细说明。如涉及股权融资、债券发行等则根据实际情况进行说明。

2.3.2　投资估算报告编制步骤

LNG 项目在可行性研究阶段主要围绕项目特点，拆分工程结构与费用结构，逐一补充量、价、取费等，最终形成投资估算报告。

以 LNG 接收站项目为例，其投资估算报告的主要编制步骤见图 2-1，具体如下：

① 了解项目概况，包含其建设必要性、建设规模、市场量、设计方案及设计分工等关键内容；

② 梳理投资编制条件需求，展开项目 WBS（工程结构分解）及 CBS（成本结构分解）；

③ 根据编制依据、项目输入条件（如工程量、设备材料价格及相关费用资料等），选择合理的编制方法，按系统分专业分别编制各单位工程估算表，形成单项工程估算表，完成工程费用估算；

④ 在工程费及相关取费依据基础上计列项目固定资产其他费、无形资产费用、其他资产费用、预备费及增值税，完成含税建设投资估算；

⑤ 根据经济评价结果计列建设期利息及流动资金，完成总投资费用，形成投资估算初稿；

⑥ 对初稿进行校核、审核工作进行投资分析，对比投资的完整性、合理性，形成投资估算报告及附表。

图 2-1 投资估算报告编制步骤示意

以上全面介绍了 LNG 项目在可行性研究阶段的投资估算编制方法、编制过程及编制注意事项，下文将以 LNG 接收站为例进行实务案例分析，以期为 LNG 项目工程造价业务人员提供实操指导。

2.4 液化天然气接收站项目投资估算实例

2.4.1 项目概况

（1）项目概况介绍

在编制 LNG 接收站工程投资估算前，首先应当明确项目的基本情况，因此投资估算应当简述工程项目名称、建设地点、生产规模、建设周期、主要工艺技术、建设项目性质等项目概况，尤其要注意 LNG 接收站项目建设性质（如新建、改扩建等）的不同导致的费用计算标准的差异。

示例：

本项目为某 LNG 接收站项目，项目建设地点：××市××区××地。本项目主要功能是 LNG 的接收、储存、气化和外输。本项目拟建设 6 座 27 万 m^3 LNG 储罐，同时建设 6 条配套气化设施，项目气液态加工能力 600 万 t/a。本项目为一体化建设，范围包括：接收站工程（含场平、排洪沟工程）、码头工程、海水取排水及护岸工程。预计 2026 年竣工投产。

（2）项目设计范围及设计分工

一个完整的新建 LNG 接收站项目一般包含接收站工程、码头工程及外输管道工程三部分，为满足设计资质与能力要求，可行性研究报告往往需要多家单位合作编制。此情况下，需要在报告中明确总体编制单位，并分别阐述各编制单位所负责的工作内容及范围。

总体编制单位负责确定投资估算编制原则、方法和依据，统一设备材料价格水平，汇编总投资及总说明，并对整体投资编制质量负责。其他编制单位按照职责分工，在规定的时间内向总体编制单位提交满足细则要求的设计成果文件和相关资料，并对所负责部分的编制质量负责。

需要明确的是，如果新建LNG接收站项目有已建依托码头和外输管道工程，则仅需对接收站工程进行投资估算。

示例：

××设计院为总体设计院。其中LNG接收站工程由××设计院编制；码头工程由××设计院完成；取排水工程由××设计院完成；外输管道工程由××设计院完成。

LNG接收站工程与码头工程工作界面划分：平面上以水工栈桥与防潮大堤的接岸处为分界线，分界线内侧为接收站工程范围；竖向上以码头及火炬栈桥面（含引桥面）为分界面，分界面以上部分属于接收站工程范围。

LNG接收站工程与取排水工程的工作界面划分：取水以泵房为界，接收站负责海水泵、泵房、海水消防泵、相关管线、加药装置及配电仪控等。排水以跌水井为界面，接收站负责气化器至跌水井的排水渠。

LNG接收站工程与外输管道工程的工作界面划分：接收站工程与外输管道工程的界面在外输管道调压计量系统上游2m处。电气分界点在接收站配电室低压开关柜。

2.4.2　编制依据及深度

（1）编制依据

投资估算编制应遵守国家、行业有关方针政策和建设单位所属企业相关规定，结合项目基础资料及数据，完整、准确、客观地反映项目建设的全部投资。LNG接收站项目投资估算编制依据可大致分为以下几部分：

① 国家、政府有关部门、行业以及公司的相关规定及相关文件，如行业部门、项目所在地工程造价管理机构或行业协会等发布的投资估算办法、投资估算指标、概算指标、工程建设其他费用定额、价格指数和有关造价文件等。

② 与项目建设相关的工程地质资料、设计文件、图纸等基础资料。

③ 有关专业提供的主要工程量及设备、材料清单。

④ 类似工程的各种技术经济指标和参数。

⑤ 其他技术经济资料及编制依据。如 LNG 接收站项目含收并购内容的，需要对计入总投资收并购费用的费用来源进行清晰描述。

此外，在报告中还需清楚描述：

a. 建筑工程费、安装费的估算方法及依据，如工程项目所在地编制期的人工、材料、机械信息价格和有关费用；

b. 设备购置费、主要材料价格的估算依据，参考项目编制期相关询价、合同价或所在地市场价等；

c. 政府有关部门、金融机构等部门发布的价格指数、利率、汇率、税率等参数。

（2）编制深度

LNG 接收站项目投资估算编制内容和深度应与技术方案的设计深度保持一致，同时满足相应的编制细则要求。如需编制总投资估算表、设备（材料）安装工程估算表、建筑工程估算表、其他费用估算表、增值税表等。

需注意列明主要设备材料费用明细，若费用整体计列为一项，需要备注说明其涵盖的主要内容，避免出现单笔无说明的大额费用。

2.4.3 投资估算附表的内容

LNG 接收站项目投资估算附表主要包括各专业设备（材料）安装工程估算表（含进口设备材料估算表）、建筑工程估算表、固定资产其他费用计算表、无形资产费用计算表、其他费用计算表、增值税计算表等。其中，各专业设备（材料）安装工程估算表中的工程费用由设备购置费、安装工程费（主要材料费、安装费）组成，根据费用特点分别编制估算表格。

2.4.3.1 设备（材料）安装工程估算表

编制接收站工程的"设备（材料）安装工程估算表"需要对 LNG 接收站工程的系统和专业进行划分，本案例将以一个专业工程的"设备（材料）安装工程估算表"为例，介绍其中设备购置费（含进口设备）、主要材料费、安装费的计算方法，其他专业的"设备（材料）安装工程估算表"参照计算。

（1）LNG 接收站项目系统工程划分

LNG 接收站系统工程的划分，会因编制规范及界面划分而有所差异。如参照某大型油气企业相关编制规定，其工程费用系统参照典型LNG接收站项目费用划分主要包括以下内容：主要生产项目（含储罐、卸料、计量、气化外输、BOG处理、槽车装车、站内公用设施等）、辅助生产项目（含火炬、中控室及化学实验室、维修车间、综合仓库等）、公用工程项目（含海水、淡水、污水处理、空压制氮、燃料气、燃油、全厂性总图、工艺变电站、总变电所、全厂性公用专业、场平及地基处理、供暖等）、服务性工程（含厂前区、办公区、宿舍及食堂区、消防站等）、厂外工程（含厂外进场道路、厂外供电、厂外供水、综合调度楼等）等。

在进行接收站项目界面划分时，一定要做好合作设计单位之间的分工协作（如接收站卸料系统与码头上部设施的界面、计量系统与外输管道的界面），避免发生估算费用漏记或重复计取等问题。

（2）LNG接收站项目专业划分

LNG接收站工程主要由LNG储罐工程、工艺设备工程、电气照明及避雷工程、控制计量仪表安装工程、工业管道及安装工程、给排水及消防采暖工程、建筑工程等专业构成。

编制投资估算时，首先按专业工程分别编制设备材料估算表及建筑工程估算表，再汇总至各装置系统费用内，得到该装置系统的工程费用。

值得注意的是，罐区系统中，LNG储罐本体投资编制有别于其他装置系统的费用编制，根据储罐技术方案及内容，储罐本体又可再细分为不同专业。以某大型油气企业项目为例，高架空承台桩基础LNG储罐本体一般分为桩基、外罐、结构、机械、保冷、设备等专业，坐地式及半地下储罐会增加电伴热、基坑或垫层支护等相应专业或技术方案内容。

（3）设备购置费构成及其计算

设备（材料）安装工程估算表主要用来编制除建筑工程外的其他专业工程费用。具体设备材料的分类内容可参考国家相关标准。

① 国产设备购置费　按如下公式计算。

$$设备购置费=设备价格+设备运费+采购保管费$$

$$国内采购设备运费=设备价格×设备运费费率$$

$$国内采购设备采购保管费=设备价格×采购保管费费率$$

设备运费费率与采购保管费费率应参照行业或企业的相关编制办法和费用定额，选用建设项目所在地区的相应费率计算。

示例：

某LNG接收站根据技术方案需配置1台国产BOG高压压缩机，其设计能力为12t/h，电压为6kV，电机功率为1250kW，不含税原价为461万元，经查询运费费率为4.00%，保管费费率为2.43%，设备增值税税率为13%，运费增值税税率为9%，保管费增值税税率为6%。估算该设备购置费。

BOG高压压缩机属于工艺设备专业，在"设备（材料）安装工程估算表"中计列。计算时需注意价税分离，先估算不含税购置费、运费及保管费，再分别估算设备、运费及保管费增值税。

设备不含税购置费=4610000+4610000×（4.00%+2.43%）=4906423（元）

设备增值税费=4610000×13%+4610000×4.00%×9%+4610000×2.43%×6%
=622617.38（元）

设备含税购置费=4906423+622617.38=5529040.38（元）

② 备品备件购置费　根据不同行业情况确定，一般可按设备原价的比例估列。若设备原价中已包括备品备件费，则此项费用不另计列。

③ 工器具及生产家具购置费　根据设计定员，按有关规定计算。

示例：

某项目新增定员187人，根据企业相关规定，工器具及生产家具购置费为2600元/人，增值税税率为13%。

不含税工器具及生产家具购置费=187×2600=486200（元）

增值税=486200×13%=63206（元）

含税工器具及生产家具购置费=486200+63206=549406（元）

（4）安装工程费的构成及其计算

安装工程费由需要安装并构成工程实体的主要材料的采购费及需要安装的设备、材料在安装过程中所发生的全部费用。

安装工程费需要分别计算主要材料费及安装费，即：

安装工程费=主要材料费+安装费

① 主要材料费的构成及计算　按如下公式计算。

主要材料费=主要材料价格+材料运费+材料保管费

国内采购材料运费=材料价格×运费费率

国内采购材料保管费=材料价格×保管费费率

示例：

某沿海接收站项目IFV气化器配套一条管道，公称直径DN350、壁厚8.56mm（Sch100）、材质为A358-304/304L BE（美标A358，304/304L双牌号不锈钢，管端坡口），长度为257.4m、单重为0.195t/m，该管道不含税价格为40000元/t，运费费率为2.42%，保管费费率为1.88%，增值税税率为13%，运费增值税税率为9%，保管费增值税税率为6%。估算该管道费用。

管道费用按主要材料费在设备（材料）安装工程估算表中计算，以价税分离方式分别估算其不含税及含税费用。

首先根据该管道单重及长度，计算出该管道的总重：

$$管道总重量 = 257.4 \times 0.195 = 50.193 (t)$$

$$管道不含税费用 = 40000 \times 50.193 + 40000 \times 50.193 \times (2.42\% + 1.88\%)$$
$$= 2094051.96 (元)$$

$$增值税费 = 40000 \times 50.193 \times 13\% + 40000 \times 50.193 \times 2.42\% \times 9\% + 40000 \times 50.193 \times 1.88\% \times 6\%$$
$$= 267641.12 (元)$$

$$管道含税费用 = 2094051.96 + 267641.12 = 2361693.08 (元)$$

② 安装费的构成及计算　考虑可行性研究阶段设计深度原因，安装费一般无法按照实际工程量完整逐项计列，常采用类似项目比例估算法。将设备材料费用乘以按经验总结提炼的比例系数进行估算。

安装费系数可通过已建项目概预决算或定额相关文件测算得出。安装费一般以设备材料费为基数进行估算。

a. 工艺设备安装费估算。

$$安装费 = 设备原价 \times 设备安装费率$$

或

$$安装费 = 设备重量(t) \times 单位重量安装费指标(元/t)$$

b. 工艺金属结构、工艺管道估算。

$$安装费 = 总重量(或总体积、总面积) \times 单位重量(体积、面积)安装费指标$$

c. 变配电、自控仪表安装工程估算。

$$安装费 = 材料费 \times 材料安装费率$$

2.4.3.2 进口设备材料估算表

编制进口设备材料估算表时应列明进口设备/材料的名称、规格、数量、外币单价及合价等内容。外币单价以美元计列，其他外币统一折算为美元计入单价。人民币合价包括外币折合人民币金额及进口从属费。人民币外汇牌价按投资编制期央行、银行或企业公布的汇率（中间价）计算。

引进部分费用由进口设备材料费、进口设备材料国内安装费、特许权使用费及相关的其他费用构成。进口设备材料费包括进口设备材料价格和进口设备材料从属费，其中国外运输费、国外运输保险费、关税、银行财务手续费、外贸手续费构成进口设备材料从属费。其中，国外运输费、国外运输保险费、CIF（即成本+保险费+运费）以FOB（装运港船上交货价格，又称离岸价）为基数进行计算；关税、银行财务手续费等费用以CIF为基数进行计算。

① 国外运输费

国外运输费=设备材料外币FOB×国外运费费率×人民币外汇牌价

② 国外运输保险费

国外运输保险费=[设备材料外币FOB×（1+运费费率）/（1−运输保险费费率）]×
国外运输保险费费率×人民币外汇牌价

③ 关税

关税=完税价格×关税税率（或综合关税税率）

完税价格（即CIF）=设备材料外币FOB+国（境）外运输费+
国（境）外运输保险费

关税税率原则采用《中华人民共和国进出口税则》及国务院关税税则委员会、海关总署最新规定的税率，LNG接收站项目一般按综合关税税率计列。

④ 银行财务费

银行财务费=设备材料外币FOB×人民币外汇牌价×银行财务费率

⑤ 外贸手续费

外贸手续费=设备材料外币CIF×人民币外汇牌价×外贸手续费费率

示例：

某LNG接收站项目根据设计要求及采办策略需要引进1套BOG高压压缩机（12t/h往复式压缩机），近期同类项目相同设备采购离岸价（FOB）为265万美元/台，其他有关参数为：美元的银行外汇牌价为 1 美元=6.73 元，国外运费费率 4%，国外运输保险费费率 1%，综合关税税率、中国银行财务手续费费率、外贸手续费费率分别为 8%、0.144%、1%。国内设备运费费率 1.08%，国内设备运输保管费费率 0.41%，设备增值税税率、运费增值税税率及保管费增值税税率分别为 13%、9%、6%。估算该进口设备购置费。

在进口设备材料估算表计列设备费，以价税分离方法分别计算该设备的 CIF、从属费及增值税等。

设备人民币 FOB=265×10000×6.73=17834500（元）

国外运输费=17834500×4%=713380（元）

国外运输保险费=[265×10000×(1+4%)/(1-1%)]×1%×6.73=187352（元）

设备人民币 CIF=17834500+713380+187352=18735232（元）

进口关税=18735232×8%=1498819（元）

银行财务手续费=17834500×0.144%=25682（元）

外贸手续费=18735232×1%=187352（元）

国内运费=18735232×1.08%=202341（元）

国内保管费=18735232×0.41%=76814（元）

国内增值税费=(18735232+1498819)×13%+202341×9%+76814×6%=2653246（元）

含税设备购置费总计=18735232+1498819+25682+187352+202341+76814+265324=20991564（元）

2.4.3.3 建筑工程估算表

建筑工程费为总图竖向布置、建筑物、构筑物、给排水井等工程所需要的费用。在可行性研究报告编制阶段，受设计深度等的影响，土建专业无法在该阶段提出建构筑物细项，因此建筑工程费一般以综合指标估算。建筑工程估算表可用于编制各装置土建部分的单项工程费用。

在 LNG 接收站项目实际编制过程中，涉及如储罐桩基、外罐、设备厂房、大型土方、总平面竖向布置、道路及场地铺砌、厂区综合管网和线路、围墙大门等，估算的各项需要分别以"m^3""m^2""m""座"或"项"为单位，套用技术条件、结构形式相适应的投资估算指标或类似工程造价资料测算出含综合取费等费用项的综合指标来进行投资估算。根据这些估算指标，乘以所需的长度、面积、体积、重量等，就可以求出相应的土建工程费用。

编制土建工程估算时应注意列明建构筑物单体结构形式、工程做法、工程量及单体指标,以估算编制时期的市场价进行编制,同时覆盖所有技术内容,不要漏项,确保估算编制的完整性。

根据建构筑物单体的结构型式,有以下三种建筑工程费计算公式:

① 单位长度价格法

$$建筑工程费=单位长度建筑工程费指标×建筑工程长度$$

② 单位面积价格法

$$建筑工程费=单位面积建筑工程费指标×建筑工程面积$$

③ 单位容积价格法

$$建筑工程费=单位容积建筑工程费指标×建筑工程容积$$

示例:

某接收站项目BOG压缩机厂房,面积为560m^2。该项目当地综合造价指标为不含税价是6300元/m^2,增值税税率9%。估算该BOG压缩机厂房含税费用。

$$不含税费用=560×6300=3528000(元)$$
$$增值税=3528000×9\%=317520(元)$$
$$含税费用=3528000+317520=3845520(元)$$

2.4.3.4 安全生产费的构成及计算

安全生产费系指施工企业按照规定标准提取并在成本中列支,专门用于完善和改进施工企业或者项目安全生产条件的资金。依据《企业安全生产费用提取和使用管理办法》(财资〔2022〕136号),LNG接收站项目的安全生产费用相应列入安装费和建筑工程费。

示例:

某接收站不含税安装费为53264万元、不含税建筑工程费为98735万元。根据某企业其他费定额规定,安全生产费计算费率按安装费的5.88%及建筑工程费的2%计列。增值税税率9%。

$$不含税安装安全生产费=53264×5.88\%=3131.9(万元)$$
$$不含税建筑工程安全生产费=98735×2\%=1974.7(万元)$$
$$安全生产费增值税=(3131.9+1974.7)×9\%=459.59(万元)$$
$$含税安全生产费=3131.9+1974.7+459.59=5566.19(万元)$$

2.4.3.5　固定资产其他费用计算表

LNG接收站工程固定资产其他费按其内容可分为三类：第一类为征地补偿和租地费用，即建设LNG接收站项目所需要占用土地而支付的补偿费用；第二类是与项目建设相关的费用（含建设项目前期费用、工程建设管理费、专项评价及验收费、研究试验费、可行性研究报告编制费、勘察设计费、临时设施费、进口设备及材料国内检验费、工程保险费、特种设备安全监督检验费、超限设备运输特殊措施费）；第三类是与未来企业生产经营有关的费用（联合试运转费）。

本案例以某大型油气企业可行性研究阶段固定资产其他费定额标准为依据，重点介绍LNG接收站工程固定资产其他费计算时所需注意的内容。

（1）建设项目前期费用

建设项目前期费用是指项目筹建机构在项目前期阶段（可行性研究报告批准前）为筹建项目所发生的费用。

$$建设项目前期费用 = 不含税工程费用 \times 费率$$

需要注意的是计列项目前期费用时，需要判断项目属性是否为改扩建以及是否依托已建项目，如为新建项目可按费率计列，如为改扩建项目则需根据项目特点灵活考虑，例如按照实际发生额计列或考虑调整系数等。

（2）工程建设管理费

工程建设管理费是指为组织完成工程建设项目而在建设期内发生的各类管理性质费用。工程建设管理费一般包括建设单位管理费、工程质量监管费、工程造价咨询费、建设单位健康安全环境管理费、建设工程监理费、设备监造费等。

工程建设管理费在计算时需要以建设投资中的工程费用和工程费用增值税之和为基数乘以按照建设项目不同规模分别制定的建设单位管理费费率，其计算公式如下：

$$建设单位管理费 = （工程费用 + 工程费用增值税） \times 建设单位管理费费率$$

在编制该费用时需要注意该费用的计费基数是建设项目工程费用和工程费用增值税之和，实际应计取的建设单位管理费费率采用直线内插法计算，如遇到工程费用和工程费用增值税之和小于500万元时，仍以500万元作为计费基数；同时需要根据项目性质考虑乘以相应系数，如技术改造、改扩建项目、有项目单位的新建项目或使用新技术、新材料、新工艺的示范项目等情况。

（3）专项评价及验收费

该费用系指建设单位按照国家规定委托具有相应信用和能力或具备相应资质的单

位开展专项评价及有关验收工作发生的费用。专项评价及验收费包括的内容须按照编制时参考的定额标准或项目特点来计列。

在编制该费用前应首先与委托方沟通，如本项目已有签署合同的专项评价验收费，则按合同签订额计取，否则按定额规定计算。

（4）勘察设计费

该费用系指委托勘察设计单位进行工程水文地质勘察、工程设计所发生的各项费用。费用内容包括工程勘察费、工程设计费。其中：工程设计费是指设计人根据发包人的委托，提供建设项目初步设计文件、施工图设计文件、非标设备设计文件、竣工图文件、设备采购技术服务等所收取的费用。

编制该费用时可根据定额要求计列，一般参考原国家计委、建设部《关于发布〈工程勘察设计收费管理规定〉的通知》（计价格〔2002〕10号）和国家发展改革委《关于进一步放开建设项目专业服务价格的通知》（发改价格〔2015〕299号）中的规定计列，并结合实际情况和市场价调整。

在选取计算费用基数时需注意，LNG储罐作为一个大型非标设备，在计算其非标设计费时其计算基数区别于基本设计费，需要根据相关规定重新计算取费基数。

（5）联合试运转费

该费用是指新建LNG接收站项目或新增加生产能力的工程，在交付生产前按照批准的设计文件所规定的工程质量标准和技术要求，进行整个生产线或装置的负荷联合试运转所产生的费用净支出。

LNG接收站项目的联合试运转费用包含储罐铺底气费用和试运转费用。

$$储罐铺底气费用 = 单罐铺底气量 \times 天然气进价 \times 储罐数量$$
$$试运转费用 = 试运转支出 - 试运转收入$$
$$试运转支出 = 原料、燃料、油料及动力消耗费用 + 专家调试费 + 机械使用费及其他物料费用$$
$$试运转收入 = 试运转期间的产品销售收入和其他收入$$

示例：

某LNG接收站项目建设6座27万m^3 LNG储罐，单座储罐铺底气量为4467.19t，气化率为1450m^3/t。试运转时消耗LNG原料15800t，消耗氮气552t，消耗丙烷85t。天然气价格为不含税2.062元/m^3，氮气价格为796元/t，丙烷价格为5800元/t。根据历史项目可知人员调试费、设备租赁及耗材等费用约为2000万元。估算6座储罐铺底气费用及调试费用。

$$储罐铺底气费用 = 单罐铺底气量 \times 气价 \times 储罐数量$$
$$= 4467.19 \times 1450 \times 2.062 \times 6$$
$$= 80138708（元）$$

试运转支出 = 原料、燃料、油料及动力消耗费用 + 专家调试费 + 机械使用费及其他物料费用
$$= 15800 \times 1450 \times 2.062 + 552 \times 796 + 85 \times 5800 + 20000000$$
$$= 68172812（元）$$

值得注意的是，在进行联合试运转费计算时，需要清楚了解资源情况，包括 LNG 来源地、LNG 规格、价格等，采用 LNG 价格必须与经济评价统一。

2.4.3.6 无形资产费用计算表

无形资产费用是指企业拥有或者控制的没有实物形态的可辨认非货币性资产。

LNG 接收站项目的无形资产内容包括土地使用权出让金及契税、特许权使用费等。

土地使用权出让金及契税指国家以土地所有者身份将国有土地使用权在一定年限内让与土地使用者，由土地使用者向国家支付的土地使用权出让金及契税。

土地使用权出让金根据项目建设所需并取得政府土地管理部门出让的地块、用途、年限和其他条件，按建设项目所在市、县人民政府制定颁发的标准计算。

针对 LNG 接收站项目，特许权使用费一般指专利使用费（如储罐专有技术），一般根据专利使用许可协议或意向，结合项目特点及要求由建设方与设计方双方约定计列。

2.4.3.7 其他资产费用计算表

其他资产费用由生产准备费、出国人员费用、来华人员费用及引进部分图纸资料翻译复制费构成。

（1）生产准备费

生产准备费是指建设项目为保证正常生产（或营业、投用）而发生的提前进厂费、生产人员培训费以及为保证正常生产所必需的生产办公及生活家具购置费。相关费用指标一般根据企业费用定额规定计取。

① 提前进厂费　新建项目以设计定员为基数计算，改扩建项目以新增设计定员为基数计算。

提前进厂费=设计定员（人）×提前进厂费指标（元/人）

② 生产人员培训费　新建项目以设计定员为基数计算，改扩建项目以新增设计定员为基数计算。

生产人员培训费= 设计定员（人）×培训费指标（元/人）

③ 生产办公及生活家具购置费　新建项目以设计定员为基数计算，改扩建项目以新增设计定员为基数计算。

生产办公及生活家具购置费=设计定员（人）×生产办公及生活家具购置费指标（元/人）

示例：

某大型油气企业某LNG接收站一期扩建项目，在原有基础上扩建两座储罐及其相关配套，该项目新增定员80人，需要发生提前进厂费、生产人员培训费及生产办公及生活家具购置费。该企业提前进厂费指标为62000元/人；培训费指标，新建项目20000元/人，改扩建项目10000元/人；生产办公及生活家具购置费指标4000元/人。增值税税率为6%。估算该项目其他资产费。

该项目为扩建项目，根据该企业《中下游建设项目设计概算及投资估算其他费用定额》规定：

其他资产费=提前进厂费+生产人员培训费+生产办公及生活家具购置费
提前进厂费=80×62000=4960000（元）
生产人员培训费=80×10000=800000（元）
生产办公及生活家具购置费=80×4000=320000（元）
不含税其他资产费=4960000+800000+320000=6080000（元）
增值税=6080000×6%=364800（元）
含税其他资产费=6080000+364800=6444800（元）

需要注意的是，该项目建设性质为改扩建，估算费用前需要和业主沟通是否会发生提前进厂费，同时选取匹配的生产人员培训费指标进行计算。

（2）出国人员费用

计算该费用时可根据出国人员数量及期限估列，费用标准执行财政部、外交部及企业的规定。

（3）来华人员费用

计算该费用时可根据来华技术人员派遣计划中的人员数量及期限进行估列。

（4）引进部分图纸资料翻译复制费

计算该费用时可根据引进项目的具体情况估列。

出国人员费用、来华人员费用及引进部分图纸资料翻译复制费这三项费用按照项目实际需求计列即可。

值得注意的是，应与委托方充分沟通是否有出国、来华或资料翻译的工作内容，避免计列无须发生的费用。

2.4.3.8 增值税计算表

将各项目的增值税的计算依据、公式计算所得数据汇总于表中。

2.4.3.9 接收站工程总投资估算表

完成上述各项计算后，须逐一汇总各装置系统的单项工程投资并汇总至总投资估算表中，同时以总投资表中的固定资产费、无形资产费、其他资产费为基数，计列项目基本预备费。

基本预备费根据相关规定计算，费率根据项目所处阶段选取。

国内部分基本预备费＝（固定资产费用＋无形资产费用＋其他资产费用－进口部分设备材料及其从属费）×国内部分基本预备费费率

引进部分基本预备费＝（外汇＋从属费）×引进部分基本预备费费率

示例：

某LNG接收站项目固定资产费用为89444万元，无形资产为1350万元，其他资产费为30万元，外汇为1296万美元，汇率为6.7604，从属费为331万元。根据某企业规定，可行性研究阶段国内有同类装置时，国内部分预备费为6%，国外部分为2%。估算该项目的基本预备费。

国内部分基本预备费＝（89444+1350+30−1296×6.7604−331）×6%=4904（万元）

引进部分基本预备费＝（1296×6.7604+331）×2%=182（万元）

2.4.4 投资估算文件构成及附表样式

投资估算与经济评价章节可根据具体项目要求单独成册（卷），同时增加封面、签署页及目录等。附表样式见表2-2~表2-9。

表2-2 总投资估算表

编制单位名称：	总投资估算表								编制：	
	工程编号：								校核：	
	项目名称：								审核：	

序号	工程或费用名称	投资估算值							占建设投资比例/%	备注
		设备购置费	安装工程费		建筑工程费	其他费用	合计			
			主要材料费	安装费			人民币	外汇		
	建设项目总投资									
	建设项目总投资（不含增值税）									
一	建设投资									
	占建设投资比例/%									
(一)	固定资产费用									
1	工程费用									
1.1	主要生产装置									
1.1.1	*******									
1.1.2	*******									
	……									
1.2	辅助生产装置									
1.2.1	*******									
1.2.2	*******									
	……									

续表

序号	工程或费用名称	投资估算值							占建设投资比例/%	备注
		设备购置费	安装工程费		建筑工程费	其他费用	合计			
			主要材料费	安装费			人民币	外汇		
1.3	公用工程									
1.3.1	*******									
1.3.2	*******									
	……									
1.4	服务性工程									
1.4.1	******									
1.4.2	******									
	……									
1.5	厂外工程									
1.5.1	******									
1.5.2	******									
	……									
1.6	工器具及生产家具购置费									
2	固定资产其他费用									
2.1	征地补偿费和租地费									
2.2	建设项目前期费用									
2.3	工程建设管理费									
2.3.1	建设单位管理费									
2.3.2	工程质量监管费									
2.3.3	工程造价咨询费									
2.3.4	建设单位健康安全环境管理费									
2.3.5	建设工程监理费									
2.3.6	设备监造费									

续表

序号	工程或费用名称	投资估算值							占建设投资比例/%	备注
		设备购置费	安装工程费		建筑工程费	其他费用	合计			
			主要材料费	安装费			人民币	外汇		
2.3.7	工程造价计价体系建设与管理费									
2.4	专项评价及验收费									
2.4.1	环境影响评价及验收费									
2.4.2	安全预评价及验收费									
2.4.3	职业病危害预评价及控制效果评价费									
2.4.4	地震安全性评价费									
2.4.5	地质灾害危险性评价费									
2.4.6	水土保持评价及验收费									
2.4.7	节能评估费									
2.4.8	危险与可操作性分析及安全完整性评价费									
2.4.9	其他专项评价及验收费									
	……									
2.5	研究试验费									
2.6	可行性研究报告编制费									
2.7	勘察设计费									
2.8	临时设施费									
2.9	进口设备及材料国内检验费									

续表

序号	工程或费用名称	投资估算值							占建设投资比例/%	备注
		设备购置费	安装工程费		建筑工程费	其他费用	合计			
			主要材料费	安装费			人民币	外汇		
2.10	工程保险费									
2.11	联合试运转费									
2.12	特种设备安全监督检验费									
2.13	超限设备运输特殊措施费									
2.14	其他费用									
	……									
（二）	无形资产费用									
1	土地使用权出让金及契税									
2	特许权使用费									
3	其他费用									
	……									
（三）	其他资产费用									
1	生产准备费									
1.1	提前进厂费									
1.2	人员培训费									
1.3	生产办公及生活家具购置费									
2	出国人员费用									
3	来华人员费用									
4	引进部分图纸资料翻译复制费									
（四）	预备费									
1	基本预备费									
2	价差预备费									
二	流动资金									
三	建设期利息									
四	增值税									

表2-3 设备（材料）安装工程估算表

设备（材料）安装工程估算表

编制单位名称：　　　　　工程编号：　　　　　项目名称：　　　　　编制：　　校核：　　审核：

序号	设备、材料或费用名称	材质	单位	数量	重量/t 单重	重量/t 总重	单价/元 设备购置费	单价/元 主要材料费	单价/元 安装费	合价/元 设备购置费	合价/元 主要材料费	合价/元 安装费

注：本表中各项费用不包含增值税。

表2-4　进口设备材料估算表

编制单位名称：　　　　　　　　　　　工程编号：　　　　　　　　　编制：
　　　　　　　　　　　　　　　　　　项目名称：　　　　　　　　　校核：
　　　　　　　　　　　　　　　　　　　　　　　　　　　　　　　　审核：

序号	单元号或主项号	设备、材料名称及主要技术参数	单位	数量	外币金额/万美元		折合人民币合价	人民币金额/万元					进口设备国内安装费	人民币总计
					单价	合价		关税	银行手续费	外贸手续费	国内运杂费	小计		

注：本表中各项费用不包含增值税。

表2-5 建筑工程估算表

编制单位名称：　　　　　　　　　　　　　建筑工程估算表　　　　　　　　　　　　编制：
工程编号：　　　　　　　　　　　　　　　　　　　　　　　　　　　　　　　　　　校核：
项目名称：　　　　　　　　　　　　　　　　　　　　　　　　　　　　　　　　　　审核：

序号	工程项目或费用名称	结构形式	单位	数量	单价/万元	合价/万元	备注

注：本表中各项费用不包含增值税。

表2-6　固定资产其他费用计算表

编制单位名称：　　　　　　　　　　　工程编号：　　　　　　　　　　　编制：
　　　　　　　　　　　　　　　　　　项目名称：　　　　　　　　　　　校核：
　　　　　　　　　　　　　　　　　　　　　　　　　　　　　　　　　　审核：

序号	费用名称	计算依据及费率	计算公式	金额/万元	含外币金额/万美元	备注
1	征地补偿费和租地费					
2	建设项目前期费用					
3	工程建设管理费					
3.1	……					
4	专项评价及验收费					
4.1	……					
5	研究试验费					
6	可行性研究报告编制费					
7	勘察设计费					
8	临时设施费					
9	进口设备及材料国内检验费					
10	工程保险费					
11	联合试运转费					
12	特种设备安全监督检验费					
13	超限设备运输特殊措施费					
14	其他					
	……					
	合计					

注：本表中各项费用不包含增值税。

表2-7 无形资产费用计算表

编制单位名称：				编制：	
无形资产费用计算表				校核：	
工程编号： 项目名称：				审核：	
序号	费用名称	计算依据及费率	计算公式	金额/万元	含外币金额/万美元	备注
1	土地使用权出让金及契税					
2	特许权使用费					
3	其他					
	……					

注：本表中各项费用不包含增值税。

表2-8 其他资产费用计算表

编制单位名称：		工程编号：			编制：	
		项目名称：			校核：	
					审核：	
序号	费用名称	计算依据及费率	计算公式	金额/万元	含外币金额/万美元	备注
1	生产准备费					
1.1	提前进厂费					
1.2	生产人员培训费					
1.3	生产办公及生活家具购置费					
2	出国人员费用					
3	来华人员费用					
4	引进部分图纸资料翻译复制费					
	……					
	合计					

注：本表中各项费用不包含增值税。

表2-9 增值税计算表

编制单位名称：		增值税计算表		编制：	
		工程编号：		校核：	
		项目名称：		审核：	
序号	费用名称	计算依据及费率	计算公式	金额/万元	含外币金额/万美元	备注
	增值税合计					
1	工程费用增值税					
1.1	设备购置费增值税					
1.2	设备运杂费增值税					
1.3	主要材料费增值税					
1.4	主要材料运杂费增值税					
1.5	安装费增值税					
1.6	建筑工程费增值税					
	……					
2	固定资产其他费用增值税					
	……					
3	无形资产费用增值税					
	……					
4	其他资产费用增值税					
4.1	生产准备费增值税					
	……					
5	预备费增值税					
	……					
6	建设期利息增值税					
	……					

2.5 液化天然气接收站项目投资分析

投资对比分析是投资估算编制的最后一步，也是说明投资完整合理的关键一步。由于新建LNG接收站项目的投资成本较高，故合理精准控制投资水平对提高项目经济性具有十分重要的作用。因此，投资分析不仅需要从多维度、多指标出发与其他项目开展对比分析，还需要对由于项目自身独特性造成的投资影响作出一定的解释说明。投资分析一般包括以下内容：

（1）项目投资占比分析

该部分主要内容为LNG接收站项目各类费用占建设投资比例的分析，通过同类项目横向对比，可简略分析项目的费用构成及占比是否合理。如某项费用与其他项目同口径费用占比存在明显差异，则需要细化分析具体原因，具体样式见表2-10。例如在无形资产费用中，各LNG接收站项目征地面积及土地价格差异较大，造成土地使用费水平不一，此时应结合项目自身特点在报告中说明原因。

（2）影响投资的主要原因分析

重点分析影响本项目投资的主要原因（客观及主观因素）。客观因素包括项目规模、项目性质、项目建设地、项目技术方案、市场变化等，主观因素包括工程量预留、设备材料价格来源、估算指标及估算方法的选取等。

（3）审查前后投资估算对比分析

针对项目审查前后投资的主要变化情况进行分项、量化分析，说明审查前后费用发生变化的具体原因，如LNG储罐外罐设计方案优化、气化线删减、管廊长度调整等。审查前后对比分析一般供审查者复核或决策部门批复参考使用。

（4）同类项目投资合理性对比分析

为保证LNG接收站项目的投资合理性，投资分析报告一般会将投资估算结果与近期同类项目进行对比分析说明，主要包括：各专业工程费对比、各装置系统费用对比、主要技术经济指标对比等。如设备能力大小及价格对比、管道阀门同尺寸同材质价格对比、厂房单方造价对比、单位桩长费用对比、储罐单方造价对比、接收站单位外输能力工程费对比等。

需要注意的是，在计算储罐单方造价指标时，不同项目桩基工程的地质条件及储罐型式各异，该部分费用可能存在很大差异，因此建议将储罐桩基工程指标单独计算对比，剔除该部分影响后，使同口径下的指标对比更具有指导意义。

具体分析内容参见示例表2-10~表2-13。

表2-10　投资估算分析表

序号	工程或费用名称	本项目		××项目	
		估算值/万元	占建设投资比例/%	估算值/万元	占建设投资比例/%
	建设项目总投资				
	建设项目总投资（不含增值税）				
一	建设投资				
（一）	固定资产费用				
1	工程费用				
2	固定资产其他费用				
（二）	无形资产费用				
（三）	其他资产费用				
（四）	预备费				
二	建设期利息				
三	流动资金				
四	增值税				

表2-11　同类项目工程费各专业对比分析表

序号	工程项目或费用名称	本项目	××项目	差异原因
1	工程费用			
1.1	LNG储罐			
1.2	工艺厂工程			
1.2.1	工艺设备			
1.2.2	电气照明及避雷工程			
1.2.3	控制计量仪表安装工程			
1.2.4	工业管道及安装工程			
1.2.5	给排水及消防采暖工程			
1.2.6	建筑工程（不含储罐、厂前区、场坪及厂外等）			

续表

序号	工程项目或费用名称	本项目	××项目	差异原因
1.2.7	电信			
1.2.8	场坪			
2	厂前区（服务性工程）			
3	厂外工程项目			
4	工器具及生产用具购置费			
5	大型机械进出场费			
6	安全生产费			
7	其他			

表2-12 同类项目各装置系统投资对比分析表

序号	系统代码	本项目			××项目			差值（A-B）	原因分析
		单位工程名称或费用名称	主要能力或工程量	估算值/万元	单位工程名称或费用名称	主要能力或工程量	估算值/万元		
		A			B				
I		项目总投资			项目总投资				
		含税建设投资			含税建设投资				
		不含税建设投资			不含税建设投资				
一		固定资产费用	例：新增气态400万t,新增液态120万t		固定资产费用	例：新增气态450万t,新增液态150万t			
（一）		工程费用			工程费用				
1		主要生产项目			主要生产项目				
1.1	010	LNG储罐	例：6×27万m³储罐新增装船泵		LNG储罐	例：6×27万m³储罐无新增装船泵			
1.2	020	LNG罐区			LNG罐区				
1.3	……	……	……	……	……	……	……	……	……

表2-13 接收站工程主要技术经济指标对比

序号	指标	单位	本项目	××项目	……
1	接收站项目单位规模建设投资	元/t			……
2	储罐单位罐容工程费	元/m³			……
2.1	桩基工程部分	元/m³			……
2.2	除桩基以外部分	元/m³			……
3	储罐单位储气能力工程费	元/m³			……
4	接收站工艺厂系统单位规模工程费	元/t			……
5	接收站工艺厂系统单位外输设施能力工程费	元/t			……

2.6 小结

投资估算是LNG接收站项目决策阶段的重要依据之一，也是开展经济评价的必要基础数据。本章从理论与实际结合的角度就如何精准、完整及合理地编制LNG接收站项目投资估算进行了讲解。

本章首先介绍了LNG接收站投资估算的概念及作用，然后重点回顾了LNG接收站投资估算的编制依据、范围、费用构成、编制方法等理论知识，在此基础上从实操角度出发，选取新建LNG接收站项目典型案例，并分别对该类项目的估算费用构成、编制内容、方法及注意事项进行举例讲解，期望为读者编制LNG接收站投资估算提供理论及实操支持。

第 3 章

液化天然气项目经济评价方法

3.1 建设项目经济评价概述

3.2 建设项目经济评价的主要内容

3.3 液化天然气建设项目经济评价总则

3.4 液化天然气建设项目经济评价指标及计算方法

3.5 液化天然气建设项目不确定性分析主要方法

3.6 方案经济比选

3.7 小结

掌握和运用科学方法论工具，是强化经济评价工作效率与质量的关键举措，也是健全投资与经济评价工作系统框架的核心环节。作为承上启下的章节，本章立足于经济评价工作的全生命周期，遵循层层递进的分析思路。本章在理顺本书的逻辑主线，进一步明晰经济评价基础要素的同时，也为后续章节奠定坚实的理论支撑，以期为读者多角度、多方位、多层次地展示液化天然气项目经济评价的工作内涵。

3.1 建设项目经济评价概述

液化天然气项目作为工程建设项目的一个分支，其经济评价过程同样遵循建设项目经济评价的基本原则和方法。

（1）建设项目经济评价方法适用范围

建设项目通常涉及投资前期、投资时期及生产时期三个阶段，其中投资前期是决定投资效果的关键时刻，是研究的重点。首先，需要进行机会研究，企业根据市场需求和国家产业政策，结合企业发展和经营规划，提出投资项目的设想，并对设想进行粗略分析；其次，在对拟投资项目进行初步论证后，需要向有关主管部门提交项目建议书；再次，开展投资前期的主要工作，即可行性研究，对项目的技术、经济及其他方面的可行性进行论证，为投资者提供决策依据，同时为银行贷款、合作方签约、工程设计等提供依据和基础资料；最后，在可行性研究完成后，主管部门组织专家进行评估。

建设项目经济评价方法适用于各类建设项目投资前期研究工作，项目中间评价和后评价可参照使用。它是项目前期研究工作的重要内容，在项目初步方案的基础上，采用科学规范的分析方法，对拟建项目的财务可行性进行分析论证，做出全面评价，为项目的科学决策提供经济数据依据。

（2）建设项目经济评价原则

建设项目经济评价必须保证评价的客观性、科学性、公正性，通过"有无对比"坚持"定量分析与定性分析相结合、以定量分析为主"和"动态分析与静态分析相结合、以动态分析为主"的原则。

（3）建设项目经济评价编制深度

建设项目经济评价的深度，应根据项目决策工作不同阶段的要求确定。可行性研究阶段的经济评价，应系统分析、计算项目的效益和费用，通过多方案经济比选推荐最佳方案，对项目建设的必要性、财务可行性、经济合理性、投资风险等进行全面评价。项目机会研究、项目建议书阶段的经济评价可适当简化。

3.2 建设项目经济评价的主要内容

作为项目建设运营的基础性工作，经济评价依托财务可行性的定性与定量分析，为投资决策者提供切实可靠的数据支撑与实践指导。

3.2.1 建设项目经济评价的目的

经济评价是对拟建投资项目方案进行分析，包括融资前分析和融资后分析，由此判断项目的财务可行性，明确项目对投资者的价值及贡献，为项目投、融资决策提供依据。

3.2.2 建设项目经济评价的基础数据

在对建设项目进行总体了解和对市场、环境、技术方案充分调查与掌握的基础上，收集预测财务分析的基础数据：固定资产、流动资金投资及其他投资估算；预测的产品销售量及各年度产量；预测的产品价格，包括近期价格和预计的价格变动幅度；成本费用及其构成估算。

建设项目经济评价的计算期包括建设期和运营期。建设期参照项目建设的合理工期或项目的建设进度计划合理确定；运营期根据项目特点参照项目的合理经济寿命确定。计算期现金流的计算时间的单位一般采用年，也可采用其他常用的时间单位。

经济评价中的财务评价建议采用以市场价格体系为基础的预测价格。在建设期，一般应考虑投入的相对价格变动及价格总水平变动。在运营期，若能合理判断未来市场价格变动趋势，投入与产出可采用相对变动价格；若难以确定投入与产出的价格变动，一般可采用项目运营期初的价格；有要求时，也可考虑价格总水平的变动。

大部分数据是预测数据，数据预测的质量是决定财务分析成败和质量的关键。

3.2.3 建设项目经济评价的基本步骤

（1）编制资金规划

编制资金规划是保证项目可行和提高财务效果的重要手段。主要工作内容是对项目预期的资金来源与数额进行估算，例如：企业用于投资的自有资金，未来各年可用于偿还债务的资金量等；预计筹集到的银行贷款种类、数量，可能发行的股票、债券，根据项目实施计划，估算出逐年投资量；计算逐年债务偿还额。在此基础上编制出项目计算期内资金来源与运用计划。

（2）计算和分析财务效果

根据财务基础数据和资金规划，编制财务现金流量表，计算财务分析的经济效果指标。财务分析需要和资金规划交替进行，利用财务分析的结果进一步分析和调整资金规划。

具体内容和程序如下：

① 明确项目评价范围，先进行项目融资前分析，根据项目性质和融资方式选取适宜的方法，再进行项目融资后分析。

② 基础数据准备，通过收集的基础数据进行投资和运行成本费用估算、营业收入和相关税金估算等，编制主要财务报表如总投资估算表、建设投资汇总表、投资使用计划与资金筹措表、建设期利息估算表、总成本费用估算表、营业收入及税金估算表、流动资金估算表等。

③ 计算经济评价指标。

a.盈利能力分析。

b.偿债能力分析。

c.财务生存能力分析。

④ 在对基本建设方案进行经济评价后，进行不确定性分析和风险分析。

a.盈亏平衡分析。

b.单因素敏感分析。

c.多因素组合概率分析。

3.3 液化天然气建设项目经济评价总则

LNG建设项目包括海外LNG资源采购、天然气气态-液态-气态的相互转化、产品输运和储存等多个环节，与一般建设项目存在差异。

LNG建设项目经济评价应与其商务模式和功能定位相结合。例如LNG接收站工程、输气管线工程等按照收入实现方式，一般可分为"总买总卖"模式和"加工"模式。前者通过天然气采购、加工或输送、天然气销售等商务流程获得收入，后者通过提供天然气加工或管输服务的模式获得收入。

LNG建设项目经济评价建议采用不含税价格测算，在项目预可行性研究、可行性研究、初步设计阶段，经济评价的基础数据要求具有完整性和对应性，规划和机会研究基础数据可采用综合性的信息资料测算；初步设计之后各阶段的经济评价应依照企业有关要求方法进行。LNG建设项目经济评价的内容和深度要求见表3-1。

制订科学、合理、可行和统一的LNG建设项目经济评价方法，对规范LNG建设项目经济评价工作有重要意义。

3.3.1 液化天然气建设项目经济评价原则

LNG建设项目经济评价应保证科学性、客观性，应遵循效益与费用计算口径一致，收益与风险权衡，动态和静态分析结合、以动态分析为主，定量与定性分析结合、以定量分析为主，"有无对比"等原则。

3.3.2 液化天然气建设项目构成

LNG建设项目由码头工程、接收站工程、输气管线工程、天然气液化工程、城市燃气工程、LNG卫星站/气化站工程、LNG加气站等全部或部分单体工程构成，不同组合见表3-2。

输气管线工程的评价方法应按照项目所在地相关规定，参考国家或当地政府颁布的"天然气管道运输价格管理办法""天然气管道运输定价成本监审办法"等文件执行。

表3-1 各阶段建设项目经济评价内容和深度要求

序号	研究内容	不同阶段研究深度			
		规划和机会研究	预可行性研究阶段	可行性研究和申请核准阶段	初步设计阶段
1	基础参数	投资和成本费用估算精度照企业有关文件要求，资源、市场和价格等基础参数可按当时实际情况估算	投资和成本费用估算精度照企业有关文件要求，资源、市场和价格等基础参数应有相关架框协议的依据	投资和成本费用估算精度照企业有关文件要求，资源、市场和价格等基础参数应有相关商务合同或原则协议的依据	概算和成本费用估算精度遵照企业有关文件要求，资源、市场和价格等基础参数应有相关商务合同或原则协议的依据
2	融资前分析和融资后分析	仅融资前分析	融资前分析和融资后分析	融资前分析和融资后分析	融资前分析和融资后分析
3	经济评价报表	评价报表只要求项目投资现金流量表	全部评价报表	全部评价报表	全部评价报表
4	经济评价指标	内部收益率（IRR）、净现值（NPV）、投资回收期	所有指标	所有指标	所有指标
5	不确定性分析和风险分析	只做投资、气量和气价敏感性分析	盈亏平衡分析、单因素敏感性分析	除盈亏平衡分析、单因素敏感性分析外，建议做多因素组合概率分析	除盈亏平衡分析、单因素敏感性分析外，建议做多因素组合概率分析
6	方案比选	按实际情况选择	按实际情况选择	按实际情况选择	按实际情况选择

表3-2 LNG 建设项目构成表

序号	主要单体工程名称	建设项目名称					
		LNG 接收站项目	输气管线项目	天然气液化项目	城市燃气项目	卫星站/气化站项目	LNG 加气站
1	码头工程	△		○		○	
2	接收站工程	△					
3	输气管线工程	○	△		△		
4	天然气液化工程			△			
5	城市燃气工程				△		
6	LNG卫星站/气化站工程					△	
7	LNG加气站						△

注:"△"为确定项,"○"为可选项。

3.3.3 液化天然气建设项目经济评价基础数据

3.3.3.1 项目计算期

项目计算期为济评价中为进行动态分析所设定的期限,项目经济评价要对项目计算期的全部支出和收益进行计算,包括基准年、建设期、运营期等主要时间段。对于新项目一般以年为单位计算,需要时可采用小于年的其他时间单位,但项目的数据应与所选择的计算单位相匹配。

基准年,现金流按基准年进行折现。

建设期,按LNG建设项目建设的合理工期或建设进度计划确定。

运营期,按主要项目的经济寿命期或天然气、LNG购销合同期确定,或按上级文件规定执行。

评价计算期一般情况为建设期和运营期。有交叉时,从建设期第一年开始到运营期最后一年为止。

3.3.3.2 项目总投资的构成

项目总投资构成如下:

项目总投资=建设投资+建设期利息+流动资金+增值税

项目报批总投资=建设投资+建设期利息+铺底流动资金+增值税

建设投资=工程费用+工程建设其他费用+预备费

权益资金（也称自有资金）和债务资金是项目融资的主要构成。权益资金比例应满足国家规定要求及企业投资管理制度规定。

（1）建设投资

建设投资是项目费用的重要组成，是项目财务分析的基础数据，应根据项目前期研究不同阶段、对投资估算精度的要求及相关规定选用估算方法。建设投资中的固定资产进项税在资产负债表中形成"待抵扣进项税额"，在运营期计算增值税时予以抵扣。

（2）建设期利息

建设期利息估算一般由经济评价人员完成，计算内容详见附录2附表A.3。

建设期利息估算，应根据不同情况选择名义年利率或有效年利率。分期建成投产的项目，应按各期投产时间分别停止借款费用的资本化，此后发生的借款利息应计入总成本费用。建设投资使用权益资金时，没有建设期利息项。

除非有其他特别要求，建设期利息按建设期各年借款计划和各年内均衡发生计算，采用复利法按年计息，外币和人民币分别计算，计算公式为：

$$年利息=（年初借款余额+本年借款额/2）\times 年有效利率$$

对于银行要求按季或按半年付息时，要计算年有效利率，计算公式为：

$$年有效利率=(1+\frac{r}{m})^m-1$$

式中　r——名义利率；

　　　m——每年计息次数。

（3）流动资金

流动资金估算一般由经济评价人员完成，计算内容详见附录2附表A.4。

流动资金估算基础是经营成本和商业信用等，其计算应符合要求，具体要求主要包括：原材料和产成品原则上使用含增值税价格，估算中应将销项税额和进项税额分别包含在相应的收入和成本支出中；流动资金随运营负荷增长而增加，但不能简单地按100%运营负荷下的流动资金乘以运营期运营负荷估算，而应以各年的经营成本为基础采用分项详细估算法估算流动资金。

① 流动资金估算可选用扩大指标估算法或分项详细估算法。

扩大指标估算法可参照同类企业流动资金占营业收入或经营成本的比例，或者单位产量占用营运资金的数额估算流动资金，在项目建议书阶段一般可采用扩大指标估算法，具体公式为：

$$流动资金=年营业收入额\times 流动资金率$$

或

$$流动资金 = 年经营成本 \times 流动资金率$$

分项详细估算法是利用流动资产与流动负债估算项目占用的流动资金，一般先对流动资产和流动负债主要构成要素进行分项估算，进而估算流动资金。投产第一年所需的流动资金应在项目投产前安排，为了简化计算，项目评价中流动资金可从投产第一年开始安排，全部用含税价计算。

② 流动资金计算公式如下。

$$流动资金 = 流动资产 - 流动负债$$

$$流动资金本年增加额 = 本年流动资金 - 上年流动资金$$

流动资产计算公式为：

$$流动资产 = 应收账款 + 预付账款 + 存货 + 现金$$

注：存货中包括产成品、半成品等中间产品，LNG 项目只有天然气和 LNG 两种产成品或存货。

$$应收账款 = 年经营成本 / 周转次数$$

$$存货 = 外购原材料 + 外购燃料 + 其他材料 + 产成品$$

$$外购原材料 = 年外购原材料费用 / 外购原材料周转次数$$

$$外购燃料 = 年外购燃料费用 / 外购燃料周转次数$$

$$其他材料 = 年外购其他材料费用 / 外购其他材料周转次数$$

$$现金 = (年职工薪酬 + 年其他费用) / 周转次数$$

$$其他费用 = 制造费用 + 管理费 + 营业费 - (以上三项费用中所含的工资及福利费、折旧费、摊销费、修理费)$$

$$预付账款 = (预付各类原材料、燃料或服务年费用) / 预付账款年各周转次数$$

流动负债计算公式为：

$$流动负债 = 应付账款 + 预收账款$$

$$应付账款 = (年外购原材料、燃料、动力和其他材料费) / 各周转次数$$

$$预收账款 = 预收的营业收入年金额 / 预收账款年周转次数$$

如果各项的年周转次数不同应分别计算各类费用。周转次数计算公式为：

$$周转次数 = 365 天 / 最低周转天数$$

③ LNG 产业链各环节项目的流动资金如下。

a. LNG 接收站项目 "总买总卖"模式的 LNG 接收站项目，流动资金计算见表3-3。购买 LNG 按 FOB 和 CIF 或 DES（目的港船上交货价格，又称到岸价）的流动资金估算，主要区别是对船费预付的流动资金估算。进口 LNG 的抵岸价计算详见附录2附表 A.9。

按到岸价购买 LNG 的储存包括船费预付，不再单独估算船费预付。购买现货LNG 的流动资金估算，按到岸价情形考虑。按离岸价购买 LNG 的流动资金估算应考虑船费预付。

表3-3 "总买总卖"模式的流动资金计算

序号	项目	周转次数/周转量	内容说明
1	流动资产		
1.1	应收账款	周转次数	以经营成本为基数
1.2	预付账款		
1.2.1	LNG 预付	周转次数	现货交易，按一个有效船容×到岸气价；长期采购合同按合同规定
1.2.2	船费预付	周转次数	按 LNG 运输商务合同有关规定，包括海外装载港费用、船舶运输、保险费用和卸载港费用
1.3	存货		
1.3.1	LNG 储存	船或储罐数量	船或储罐数×船或储罐有效容积×抵岸气价，有效容积按满载容积扣除安全运行所需的预留空载容积计算
1.3.2	燃料	周转次数	以年总量×燃料价格为基数
1.3.3	其他材料	周转次数	以各项材料年总量×单价为基数
1.4	现金	周转次数	以年职工薪酬及年其他费用所需要的资金总额为基数
2	流动负债		
2.1	应付账款		
2.1.1	LNG 原料	周转次数	按商务合同有关规定
2.1.2	其他材料	周转次数	以其他各项材料年总量×单价为基数
2.2	预收账款		按商务合同有关规定

注：1. 流动资金=流动资产−流动负债。
2. 外购和存货费用中应注意包括进项增值税（简称 VAT）。
3. LNG 的预付和应付 LNG 原料费，应根据具体情况估算。

"加工"模式的 LNG 接收站项目，流动资金估算不考虑原材料，包括 LNG 的存货、预付和应付 LNG 材料费，其他根据成本表相应项测算。

对于机械完工后试运转所需气量的流动资金及收支平衡，按投资估算规定纳入试生产的固定资产投资中核算。

b. 输气管线项目　流动资金估算原则上与LNG接收站项目相似，根据输气管道项目特点分项计算，具体计算按照实际情况相应调整表3-3内容。

c. LNG卫星站/气化站项目　流动资金估算原则上与LNG接收站项目相似，具体计算按照实际情况相应调整表3-3内容。

d. 天然气液化厂项目　流动资金估算原则上与LNG接收站项目相似，具体计算按照实际情况相应调整表3-3内容，其中LNG储存按储罐数×储罐有效容积×产品价格计算。

e. LNG加气站项目　流动资金估算原则上与LNG接收站项目相似，根据LNG加气站项目特点计算，具体计算按照实际情况相应调整表3-3内容。

3.3.3.3　分年投资计划

根据项目工程进度和投产计划，列出分年投资，包括建设投资和流动资金的分年投资，见附录2附表A.1、附表A.2和附表A.5。

项目分年投资可参考项目建设计划进度，一般可参照如下比例：建设期两年，建设投资分年比例为50%和50%；建设期三年，建设投资分年比例为30%、50%和20%；建设期四年，建设投资分年比例为20%、30%、30%和20%。

有确定具体投资计划的项目，分年投资按分年投资计划编制。

3.3.3.4　总成本费用

（1）总成本费用组成

成本费用估算应遵循国家现行的企业财务会计制度规定的成本和费用核算方法，同时应遵循有关税制中准许在所得税前列支科目的规定，计算公式为：

$$总成本费用 = 生产成本 + 期间费用$$

$$生产成本 = 原材料费 + 辅助材料费 + 燃料和动力费 + 直接工资 + 其他直接支出 + 制造费用$$

$$期间费用 = 管理费用 + 财务费用 + 营业费用$$

$$经营成本 = 总成本费用 - （折旧费 + 摊销费 + 财务费用）$$

① 原材料费、辅助材料费、燃料和动力费指外购的部分，其估算需要相关专业人员给出的年耗用量以及在选定价格体系下的预测价格，采用的价格时点和价格体系应与营业收入的估算一致。

② 直接工资即人工工资及福利费，按项目全部人员数量估算。根据不同项目的

特点，可选择按项目全部人员年工资的均值计算或按照人员类型和层次分别设定不同档次的工资进行计算。

③ 其他直接支出可以是上述成本中未列入的项，还可以是多个单体工程项目成本合并时的直接生产成本，如码头工程的水工作业费和短距离输气管线作业成本等。

④ 制造费用包括生产单位管理人员薪酬、折旧费、修理费、原材料损耗费、其他制造费等，计算公式为：

制造费用＝管理人员薪酬＋折旧费＋修理费＋原材料损耗费＋其他制造费

总成本费用也可分解为固定成本和可变成本。

（2）总成本费用估算方法

采用"生产成本加期间费用"估算法，详见附录2附表A.7。

总成本费用估算应按照项目的功能定位、商务模式和项目特性计算各项成本费用。如外购材料费里的外购原材料费用，在LNG建设项目中一般指天然气或LNG的原材料采购费用，对于"总买总卖"模式的LNG接收站和输气管线、天然气液化厂、LNG加气站等需要原材料输入的项目类型，要考虑该成本费用的计列；对于含码头工程的LNG接收站项目，应按照项目实际情况计列水工作业费；规模较小的LNG加气站项目，可适当简化，以指标的形式计算LNG加气站运营发生的运输费、水电费、租赁费等。

① 外购材料费　外购材料包括原材料和辅助材料，其估算需要相关专业所提出的原材料、辅助材料年耗用量，以及在选定价格体系下的预测价格，估算要充分体现LNG行业特点和项目具体情况，详见附录2附表A.8。

外购各项材料费用计算公式为：

外购原材料费用＝年进生产装置原材料量×原材料单价

外购辅助材料费用 ＝ $\sum$（年各项材料及能源消耗量×各项单价）

LNG建设项目的进口LNG原材料单价构成应按照合同类型计算。进口LNG的合同价可以是FOB、CIF和DES等。

长期FOB合同抵岸价的构成，详见附录2附表A.9。

长期DES合同或长期CIF合同和现货合同抵岸价的计算，按照不含税DES或CIF加上港口使用费、LNG进口环节增值税折算单价计算，折算原则见附录2附表A.9中的注3。

外购辅助材料单价，由项目单位提供，根据项目所在地价格主管部门发布的外购辅助材料价格或其当地市场价格，如项目所在地的工业用电、用水等价格。

② 人员费用　按照项目类别（LNG 接收站、天然气输气管线、城市燃气、卫星站/气化站、LNG 加气站等），确定成本计算采用的人员费用标准。

人员费用包括工资、职工保险费、职工福利费、教育培训经费、工会经费、劳动保护费、住房费用、外雇人员费、非货币性福利、其他人工成本等。

项目人员费用根据新增定员人数及人员费用定额计算。若有定员分类，可按企业的人员类别分别套取相应的企业定额后加总计算；无明确定员分类的，可套用企业综合定额。

人员费用定额是为新建企业制订的，现有企业的项目根据企业实际情况计取；个别地区工资水平与人员费用定额差别较大的，不宜直接套用，应根据项目实际情况进行测算。计算公式为：

有定员分类：

$$人员费用 = \sum（该类新增定员人数 \times 该类人员费用定额）$$

无定员分类：

$$人员费用 = 项目新增定员人数 \times 综合人员费用定额$$

人员费用定额参考企业相关规定。

③ 固定资产折旧费　固定资产在使用过程中会受到磨损，其价值损失通常是通过提取折旧的方式补偿。固定资产计提折旧应根据用途计入相关资产的成本或当期损益。固定资产折旧可直接列支于总成本费用。计算内容详见附录 2 附表 A.12。

固定资产的折旧方法可在税法允许的范围内由企业自行确定，一般采用直线法，包括平均年限法和工作量法。我国税法也允许对某些机器设备采用快速折旧法，即双倍余额递减法和年数总和法。

固定资产的折旧年限、预计净残值率可在税法允许的范围内由企业自行确定，或按行业规定。项目评价中一般应按税法明确规定分类的折旧年限，也可按行业规定的综合折旧年限。

LNG 建设项目按不同项目类型的折旧平均年限计算固定资产折旧费，有特殊要求时可采取其他快速折旧法。计算公式为：

$$年折旧额 = 固定资产原值 \times 年折旧率$$
$$年折旧率 = [（1 - 固定资产残值率）/折旧年限] \times 100\%$$

主营业务为运输业务时，运输车辆等动产要按照相关规定以工作量法单独计算折旧额。一是按照行驶里程计算折旧，二是按照工作小时计算折旧。计算公式为：

单位里程折旧额=[固定资产原值×（1－预计净残值率）]/总行驶里程年年折旧额
＝单位里程折旧额×年行驶里程

或

每工作小时折旧额=[固定资产原值×（1－预计净残值率）]/总工作小时年折旧额
＝每工作小时折旧额×年工作小时

原则上码头工程、接收站工程和管线工程应分别计算折旧，再合并。如果对项目的整个固定资产进行综合平均折旧，按规定的综合折旧率计算。

④ 资产摊销费　项目投产时按规定由投资形成无形资产和其他资产。计算内容详见附录2附表A.12。

无形资产、其他资产的摊销一般采用平均年限法，不计残值。

资产摊销费是将无形资产和其他资产按摊销年限平均摊入成本，计算公式为：

年摊销费=无形资产或其他资产／各摊销年限

法律和合同规定了法定有效期限或者受益年限的，摊销年限从其规定，否则摊销年限应注意符合税法的要求。无形资产、其他资产应按规定的年限摊销；无规定的，无形资产可按不少于10年平均摊销，其他资产可按不少于5年平均摊销。对于摊销额特别大的项目，按税务制度规定的摊销年限计算。

⑤ 修理费　按修理范围的大小和修理时间间隔的长短可以分为大修理和中小修理。

固定资产修理费指项目全部固定资产的修理费，可直接按固定资产原值（扣除所含的建设期利息）的一定百分数估算。百分数的选取应考虑行业和项目特点。在生产运营的各年中，修理费率的取值，一般采用固定值。根据项目特点也可以间断性地调整修理费率，开始取较低值，以后取较高值。计算公式为：

年修理费=（固定资产原值－建设期利息）×年均修理费费率

其中：

固定资产原值＝建设投资－无形资产－其他资产+建设期借款利息

⑥ 原材料损耗　LNG接收站项目的原材料损耗从三个方面计算：

a. 进口LNG在海外运输中的损耗：FOB成交方式计入船舶航次费用的燃气损耗，

或者在下游销售产品中增加损耗量的单价；DES 或 CIF 成交方式由卖方承担或按合同规定。

b. LNG 在储罐最低关停液位量和管线最低启动压力的储存量损耗（以下简称最低储存量）。

c. LNG 在储存、气化、外输运行中的损耗，在运营成本中计取，损耗构成详见表3-4。

表3-4 LNG接收站项目原材料损耗构成

序号	项目
1	浸没燃烧式气化器损耗
2	长明灯火炬损耗
3	停电引起的紧急放空损耗
4	压缩机关停引起的放空损耗
5	加热器损耗
6	卸载时回流气损耗
7	仪器计量误差

各种供应量之间的关系：

LNG采购量=海外运输中的损耗量＋LNG进接收站量（以下简称进气量）

进气量=最低储存量＋生产运行原材料消耗量（以下简称原材料消耗量）

一般采用全厂年平均生产运行原材料损耗率计算损耗，计算公式为：

$$原材料损耗量 = 销售量 \times 损耗率$$

或

$$销售量 = 原材料消耗量 \times 产品率$$

$$原材料消耗量 = 销售量 + 原材料损耗量$$

$$原材料消耗量 = 销售量 \times (1 + 损耗率)$$

"总买总卖"模式原材料的损耗量统一在生产的产品率中反映或计入总消耗量，损耗不单独列项；"加工"模式根据加工协议确定是否计入原材料损耗，在加工产品的总销售价格中考虑了原材料损耗和自用气，不再重复计算。

LNG加气站、卫星站/气化站的原材料损耗计算与LNG接收站相似，指在储存、气化、外输过程中的损耗。

其他项目的具体生产原材料损耗分别计算：

输气管线项目的输气损耗量：

$$输气损耗量=输送量×损耗率$$

天然气液化厂的加工原材料损耗量，可以直接反映在产品中或计算加工损耗量。

$$加工损耗量=加工净量×加工损耗率$$

城市燃气损耗量，指城市燃气输送过程中的损耗量，代输模式根据输气协议确定损耗是否计入运营成本。

$$城市燃气损耗量=输送量×损耗率$$

LNG加气站、卫星站/气化站损耗率，指LNG加气站、卫星站/气化站在储存、气化、外输过程中的损耗量与外输量的比率。

$$站点损耗量=外输量×损耗率$$

⑦ 安全生产费　企业应建立安全生产费管理制度，专款专用，应根据国家颁布的《企业安全生产费用提取和使用管理办法》文件计算，计算公式为：

$$年安全生产费用=年营业收入×安全生产费费率$$

对于实际运行的项目，如果企业上年度末安全生产费用结余达到上年度安全费用使用数时，企业本年度可以暂缓或少提安全生产费用。

⑧ 其他制造费用　包括生产管理部门发生的机物料消耗、低值易耗品、运输费、办公费等，如有特殊的租赁费等要特别说明。项目评价中常见的估算方法，按固定资产原值（扣除所含的建设期利息）的百分数估算或按人员定额估算。新建企业，一般规模较大取值较高，现有企业项目可根据企业实际情况选取。LNG接收站项目其他制造费费率不含港杂费，港杂费根据项目所在地实际情况确定并计取。

计算公式为：

$$其他制造费用=其他制造费定额[万元/(人·年)]×项目新增定员人数$$

⑨ 水工作业费　主要包括如下费用，计算内容详见附录2附表A.10。

a. 重件码头运营费用，租用的重件码头年运营费用采用咨询意向价，自建的重件码头不单独计算运行成本。

b. 拖轮租金，年费用采用咨询意向价。若自购拖轮，再委托其他港口运营公司作业和管理，年委托管理费用采用咨询意向价；在LNG接收站的成本估算中，若已将此费用计算在LNG的抵岸价并分摊到各船次的LNG进价中，则此项费用不应重复计算。

c. 海事安全运营费用，年费用需咨询有关文件的规定。在海上施工作业需要缴纳，生产运营成本中不考虑。

d. 码头疏浚工程和航道年维护费用，年费用采用咨询意向价。

e. 运行期海域使用费，按项目所在地有关文件规定进行估算。在港口使用费中已计的项目费用，不在水工作业费中重复计算。

⑩ 输气管线作业成本　LNG接收站附带的短距离输气管线需合并计算输气管线作业成本，由输气管线总成本费用估算表（详见附录2附表A.11）中的生产成本扣减固定资产折旧、摊销、财务费用、管线输气损耗得到。

⑪ 管理费用　主要包括生产合同印花税、保险费、科技投入费和其他管理费。

a. 生产合同印花税，根据国家有关规定的税率计算，计算公式为：

$$年印花税 = 征税基数 \times 税率$$

各种印花税的征收基数详见表3-5。

表3-5　各种印花税的征收基数

税费项目	征税基数
运输船转租合同印花税	承租合同收入
采购资源印花税	采购合同费用
期租运输船印花税	租运合同费用
销售合同印花税	销售收入
接收站使用费印花税	加工合同收入

b. 保险费，一般按综合费率考虑，保险费费率按规定取费。计算公式为：

$$保险费 = 固定资产原值 \times 保险费费率$$

保险项目详见表3-6。

表3-6　保险项目表

险种	保障范围	投保金额内容
财产险/机损险	由于意外事故包括自然灾害、操作事故、第三方破坏，造成公司财产的损失	所有可保财产，包括接收站和管线（按重置价值）
利损险	由于财产险/机损险保障的财产损失而导致公司预期收入的损失	固定成本或毛利率
公众责任险	由于公司运营导致第三方人员的伤亡或财产的损失	第三方人员的伤亡或财产的损失的可能金额

c. 科技投入费（或科研费用）计算公式为：

$$科技投入费 = 年销售收入 \times 科研费费率$$

d. 其他管理费。

新建企业计算公式为：

$$其他管理费 = 其他管理费定额[万元/(人 \cdot 年)] \times 项目新增定员人数$$

现有企业项目可根据企业实际情况测算选取。

⑫ 营业费用 常见的估算方法是按营业收入的百分数估算，计算公式为：

$$营业费用 = 销售收入 \times 营业费费率$$

营业费费率由企业根据项目情况确定。

⑬ 财务费用 主要包括各种贷款付息、手续费及汇兑费用等。

其中利息支出的估算一般按下述方法计算：

a. 长期借款的还款付息主要考虑等额还本付息和等额还本利息照付两种方法：

等额还本付息方式计算公式为：

$$A = I_c \times \frac{(1+i)^n \times i}{(1+i)^n - 1}$$

式中　A——每年还本付息额（等额年金）；

　　　I_c——还款起始年年初的借款余额（含未支付的建设期利息）；

　　　i——年利率；

　　　n——预定的还款期。

等额还本利息照付方式计算公式为：

$$A_t = \frac{I_c}{n} + I_c \times (1 - \frac{t-1}{n}) \times i$$

式中　A_t——第 t 年的还本付息额；

　　　I_c——还款起始年年初的借款余额（含未支付的建设期利息）；

　　　i——年利率；

　　　n——预定的还款期；

　　　$\frac{I_c}{n}$——每年偿还本金额。

b. 流动资金借款一般在计算期最后一年偿还全部本金，各年按一年期借款付息，计算公式为：

$$年流动资金借款利息 = 年初流动资金借款余额 \times 流动资金借款年利率$$

c. 短期借款。短期借款数额应体现在财务计划现金流量表中，短期借款的利息应计入成本费用。短期借款利息的计算同流动资金借款利息，短期借款的偿还按照随借随还的原则处理，即当年借款尽可能于下年偿还。

⑭ LNG加气站项目其他费用　LNG加气站类项目除人员费用、折旧、摊销、修理费、保险费以外的费用，如LNG加气站运营发生的运输费、水电费、租赁费等。

新建企业计算公式为：

$$其他费用＝其他费用定额[万元/(人·年)]×项目新增定员人数$$

现有企业项目可根据企业实际情况测算选取。

（3）年处理量和年销售量

年处理量和年销售量通过销售（运营）计划确定或根据经验确定负荷率后计算。

根据市场预测的结果，结合项目性质、产出特性和市场的开发程度制定分年运营计划，进而确定各年产出数量。运营计划或分年负荷的确定不应是固定的模型，应强调具体项目具体分析。一般开始投产时负荷较低，以后各年逐步提高，提高的幅度取决于上述因素的分析结果。

有些项目的产出寿命较短，更新快，达到一定负荷后，在适当的年份开始减少产量，甚至适时终止生产。

LNG接收站项目应根据用户用气量安排产量计划，列出分年处理量和销售量。如LNG接收站一体化项目，包括接收站生产量、到各用户门站的销售量。年销售量应根据年处理量和产品率来确定，一般按全部销售产品计算，分年销售量原则上应以下游合同气量为基础测算。产品的库存量应在流动资金估算中体现。

（4）营业收入及产品价格

营业收入是现金流量表中现金流入的主体，也是利润表的主要科目。营业收入是经济评价的重要数据，其估算的准确性影响着项目财务效益的计算。计算内容详见附录2附表A.6。

营业收入估算的基础数据，包括产品或服务的数量和价格，都与市场预测密切相关。在估算营业收入时应对市场预测的相关结果以及建设规模、产品或服务方案进行概括描述或确定。

项目评价中营业收入的估算基于一项重要假设，即当期的产出（扣除自用量后）当期全部销售，也就是当期商品产量等于当期销售量。主副产品（或不同等级产品）的销售收入应全部计入营业收入，其中某些行业的产品成品率按行业习惯或规定；其他行业提供的不同类型服务收入也应同时计入营业收入。

LNG建设项目的营业收入主要包括销售收入和加工服务营业收入。

销售收入为各项产品的销售量乘以各项的销售价格之和，一般销售价格使用不含税价格，计算公式为：

$$销售收入=销售量×销售价格（不含税）$$

加工服务营业收入为各项加工服务量乘以各项的单位加工服务价格之和，一般使用不含税价格，计算公式为：

$$加工服务营业收入=加工服务量×单位加工服务价格（不含税）$$

LNG接收站项目销售产品时，根据合同是否考虑上游采购气的损耗，有时要求在销售计价中考虑增加上游损耗量的费用价格。

LNG建设项目销售产品价格有两种定价法：成本＋合理利润法、市场定价法。LNG接收站项目通常采用成本＋合理利润法，受国家产业盈利政策约束，一般按照企业规定的财务基准收益率测算产品的销售价格，并结合拟委托加工方价格水平与市场价格水平分析确定；已签订代加工协议的，按照协议价格确定。

输气管线项目的管输费按跨省管线和省内管线分别测算，计算方法可参考国家或地方政府颁布的《天然气管道运输价格管理办法（暂行）》《天然气管道运输定价成本监审办法（暂行）》等文件。

天然气液化厂等项目采用市场定价法，受市场需求和承受能力制约，需要做替代燃料竞争力、可能的价格空间和利润空间分析。

综上，从投资决策角度来说，项目经济评价测算的销售价格，一般应使项目的财务内部收益率达到企业要求的财务基准内部收益率。

（5）税费

LNG建设项目经济评价的税费主要包括：流转税（增值税等）、城市维护建设税和教育费附加、堤围保护费、企业所得税、印花税、城镇土地使用税、环境税等，各项目按税法规定分别计算规定税费。

"总买总卖"模式的流转税（增值税等）和企业所得税，按从进口原材料到产品销售的用户端，作为一个整体统一计算；"加工"模式按加工收费计算流转税和相应的企业所得税。

① 增值税　在计算销售收入和原材料、其他材料和能源消耗成本时计算增值税科目。计算公式为：

$$增值税 = 销项税额 - 进项税额$$

其中：

$$销项税额 = 销售额（按不含税价计算）\times 税率$$
$$进项税额 = 购入额（按不含税价计算）\times 税率$$

固定资产增值税抵扣包括：

a. 根据《关于全面推开营业税改征增值税试点的通知》（财税〔2016〕36号），项目投资中固定资产产生的进项增值税（主要指购进机器设备和主材）可从项目的销项税额中抵扣，在当年未抵扣完可结转下年继续抵扣。

b. 融资租赁项目，投资增值税为出租方抵扣，折旧由融资承租方计提，租金中的增值税进项税由融资承租方计提。

c. 固定资产投资增值税分项计算依照企业相关规定。

d. 固定资产投资增值税经济评价报表处理办法：如将固定资产的增值税作为进项税抵扣，则抵扣的增值税额部分不计入固定资产，作为抵扣项单列。具体内容处理包括：流转税金及附加税费表中增加当年待抵扣固定资产进项税项和当年未抵扣额项；资产负债表中增加待抵扣固定资产进项税，未抵扣的固定资产增值税以负值出现；财务计划现金流量表经营活动中的现金流入流出做相应的增加项。

② 城市维护建设税及教育费附加　城市维护建设税是地方附加税，税率根据项目所在地分市区、县、镇和县、镇以外三个不同等级。

教育费附加是地方收取的专项费用，税率由地方政府确定，项目评价中应注意当地的规定。

城市维护建设税和教育费附加以流转税（增值税等）为计算依据，按规定的计税税率计算。计算公式为：

$$城市维护建设税 = 流转税 \times 城建税税率$$
$$教育费附加 = 流转税 \times 教育费附加费率$$

③ 企业所得税　按企业应纳税所得额征收，可以使用批准的税费优惠政策。企业所得税计算公式为：

$$企业所得税纳税额 = 应纳税所得额 \times 所得税税率$$
$$应纳税所得额 = 销售收入 + 补贴收入（与收益相关的补贴收入）- 总成本费用 - 流转税金附加 - 准予抵税项目$$

④ 原材料进口增值税　在原材料成本估算中若有进口LNG原材料，要征收进口

增值税，如获得政府批准，进口增值税享受先征后返政策，抵消含税销售价格中进口增值税的费用。

进口LNG增值税返还，可参考《关于调整天然气进口税收优惠政策有关问题的通知》文件，超额部分有返还进项税的情形，不计入增值税计列。

经济评价中，符合进口LNG增值税返还的，进口LNG的售价由计算的含税收入（用含税价格），减所退返进口增值税额，再计算不含进口增值税售价，计算公式为：

$$进口LNG售价=（含税销售收入-退返进口增值税额）/年销售量$$

（6）维持运营投资

不同类型和不同行业的项目投资的内容可能不同，若发生维持运营投资时应将其列入现金流量表作为现金流出，参与内部收益率等指标的计算。同时也反映在财务计划现金流量表中，参与财务生存能力分析。

维持运营投资能否予以资本化，取决于其是否能为企业带来经济利益且该固定资产的成本是否能够可靠地计量。项目评价中，如果该投资投入后延长了固定资产的使用寿命，或使产品质量实质性提高，或成本实质性降低等，使可能流入企业的经济利益增加，那么该固定资产投资应予以资本化，即计入固定资产原值，并计提折旧。否则该投资只能费用化，不形成新的固定资产原值。

维持运营投资发生后，增加固定资产原值的，同时列入现金流量表作为现金流出，资金来源为盈余资金。

3.3.3.5 注意事项

（1）多个单项工程项目组成一个建设项目的生产成本估算

由若干单项工程项目组合成一个建设项目时，首先编制各单项工程项目的生产成本估算表，然后将各个独立估算的生产成本表进行合并。

项目投资和成本合并原则应遵循同期性、有效性、谨慎性原则，成本合并后避免漏项或重复（如行业不同需要增加或减少成本项目），并注意合并中间环节部分（如流动资金、进项税等）。

与不含税营业收入保持一致，生产成本取不含税成本。

LNG接收站项目（包括码头工程）、天然气液化厂项目、LNG卫星站/气化站项目、城市燃气项目成本估算，详见附录2附表A.7；部分LNG接收站项目含短距离输气管线，短距离输气管线的成本表（详见附录2附表A.11）与LNG接收站项目成本估算表合并编制。

（2）LNG接收站项目产品价格计算

从国外进口LNG，以"美元/MMBTU"（MMBTU为百万单位热值）为单位计算价格，销售天然气（标况❶）到用户门站以"元/m³"为单位计算价格。价格计算包括内容详见表3-7。

表3-7 进口LNG销售天然气到用户门站价格计算内容表

项目	气价计算		
	进口LNG /（美元/MMBTU）	以液态LNG计 /（元/t）	以气态天然气计 （标况）/（元/m³）
进口LNG的DES或CIF			
卸载港杂费折算单价			
进口增值税折算单价			
进接收站LNG单价			
气化费单价			
门站含进口增值税气价			
门站不含进口增值税气价			

注：门站价格可以用平均价格，或不同用户不同价格，根据实际情况确定。

在MMBTU折合气态天然气（标况）、液态LNG折合气态天然气（标况）、标准状态、高热值、低热值等基础计量参数和计价参数的换算时，经济评价使用的数据与资源、市场、工程设计和合同中对应一致。按热值计算的气价，单位为"元/GJ"。

3.3.4　液化天然气建设项目经济评价参数

LNG建设项目经济评价除了上述的基础数据，还包括下述参数，一般应根据项目的具体情况合理地选用，如按照上级主管部门发布的评价参数文件、国家发布的最新财政政策数据、国家物价水平和企业发布的最新参数执行。

（1）经济评价参数

① 计算参数　用于项目费用和效益计算的参数。

② 判据指标参数　用于比较项目优劣、判定项目可行性的参数。例如基准评价指标财务基准内部收益率，是指项目投资财务基准内部收益率，不同类型（LNG接收站、输气管线、天然气液化厂、城市燃气、LNG加气站、LNG卫星站/气化站）项目的财务基准内部收益率按企业发布的最新参数规定执行。

---

❶ "标况"即"标准状况"，一般指101325Pa、20℃（或其他特定温度）条件下气体的状态。在计算天然气体积或单位体积价格时，需将天然气体积换算为标况下体积。

(2)财政政策数据

① 物价上涨率　包括国内物价上涨率和国外物价(具体所在国)上涨率,并给予应用说明。

影响物价变动的因素包括:

② 贷款利率　包括长期人民币贷款利率、外币贷款利率、流动资金贷款利率。

③ 汇率　根据国家、银行或企业的汇率规定计取。

④ 税率　指按国家税法执行的主要税种的税率。主要税种包括增值税、城市维护建设税和教育费附加、合同印花税、防洪费(税)、企业所得税等。

⑤ 基准评价指标　财务基准内部收益率是指项目投资财务基准内部收益率,不同类别(LNG接收站、输气管线、天然气液化厂、城市燃气、LNG加气站、LNG卫星站/气化站)项目的财务基准内部收益率按企业发布的最新参数规定执行。

3.4　液化天然气建设项目经济评价指标及计算方法

在液化天然气项目的输入结果中,投资决策者往往需依托项目评价期内的利润及所得税、盈利能力分析及偿债能力分析等多元指标,系统评判LNG建设项目的财务生存能力及市场竞争力,有针对性地做出投资运营计划而最大化项目投入产出效能水平。其中,利润及所得税由利润与利润分配表计算,盈利能力由项目投资现金流量表、项目资本金现金流量表计算,偿债能力由借款还本付息计划表和资产负债表计算。

3.4.1　利润及所得税

利润是企业经济目标的集中表现,由利润与利润分配表计算利润总额、所得税、调整所得税。计算内容详见附录3附表B.4。

(1)利润总额

计算公式为:

利润总额=营业收入-总成本-流转税金附加+补贴收入(与收益相关的补贴收入)

(2)所得税

计算公式为:

$$所得税=利润总额(或应纳税所得额)\times 企业所得税率$$

（3）息税前利润及调整所得税

借助利润表，用息税前利润计算项目融资前的调整所得税，调整所得税作为项目投资现金流量表中的一项现金支出，区别于"利润与利润分配表""项目资本金现金流量表"和"财务计划现金流量表"中的所得税。计算公式为：

$$息税前利润（EBIT）=利润总额+利息支出$$

$$调整所得税=息税前利润\times企业所得税率$$

（4）年度利润总额的分配次序

① 首先弥补以前年度亏损（亏损额结转下一年，可以使用税前利润延续五年弥补，第六年尚未弥补的亏损一般使用税后利润弥补）。

② 计算应纳税所得额，然后缴纳所得税，得到税后净利润。

③ 由税后净利润提取法定盈余公积金和任意盈余公积金（一般合并为一项来提取）。

④ 偿还短期借款及长期借款本金。

⑤ 最后各投资方利润分配。

3.4.2 盈利能力分析

由项目投资现金流量表、项目资本金现金流量表计算盈利能力指标，计算内容详见附录3附表B.1、附表B.2。具体如下。

（1）财务内部收益率（FIRR）

计算公式为：

$$\sum_{t=1}^{n}(CI-CO)_t(1+FIRR)^{-t}=0$$

式中　CI ——现金流入量；

　　　CO ——现金流出量；

$(CI-CO)_t$ ——第 t 年的净现金流量；

　　　n ——项目计算期年数。

项目投资财务内部收益率、项目资本金财务内部收益率和投资各方财务内部收益率都依据上式计算，应注意它们的现金流入项和现金流出项的异同。

求出的FIRR应与行业的基准收益率（i_c）比较。当 FIRR $\geqslant i_c$ 时，认为项目在财务上是可行的。项目投资财务内部收益率、项目资本金财务内部收益率和投资各方财务内部收益率可有不同的判别基准。

（2）财务净现值（FNPV）

计算公式为：

$$FNPV=\sum_{t=1}^{n}(CI-CO)_t(1+i_c)^{-t}$$

一般情况下，财务盈利能力分析只计算项目投资财务净现值，可根据需要选择计算所得税前净现值或所得税后净现值。

按照设定的折现率计算的财务净现值大于零或等于零的项目在财务上是可行的。

（3）项目投资回收期

投资回收期（以年表示）从建设期开始算起，若从项目投产开始年计算应予以特别注明，投资回收期（P）用项目投资现金流量表中累计净现金流量计算求得。当累计净现金$\sum_{t=1}^{n}(CI-CO)_t=0$时的年份是静态回收期，计算公式为：

$$P=T-1+\frac{\sum_{t=1}^{T-1}(CI-CO)_t}{|(CI-CO)_t|}$$

式中　T——各年累计净现金流量首次为正值或零的年数。

投资回收期短，表明项目投资回收快，抗风险能力强。

（4）总投资收益率（ROI）

计算公式为：

$$ROI=\frac{EBIT}{TI}\times 100\%$$

式中　EBIT——项目正常年份的年息税前利润或运营期内年平均息税前利润；
　　　TI——项目总投资。

总投资收益率高于同行业的收益率参考值，表明用总投资收益率表示的盈利能力满足要求。

（5）项目资本金净利润率（ROE）

计算公式为：

$$ROE=\frac{NP}{EC}\times 100\%$$

式中　NP——项目正常年份的年净利润或运营期内年平均净利润；
　　　EC——项目资本金。

项目资本金净利润率高于同行业的净利润率参考值，表明用项目资本金净利润率表示的盈利能力满足要求。

3.4.3 偿债能力分析

用借款还本付息计划表和资产负债表计算偿债能力指标，计算内容详见附录3附表B.5。具体如下。

（1）利息备付率（ICR）

计算公式为：

$$ICR = \frac{EBIT}{PI} \times 100\%$$

式中　EBIT——息税前利润；

　　　PI——计入总成本费用的应付利息。

利息备付率应分年计算。利息备付率高，表明利息偿付的保障程度高。利息备付率至少应大于1，一般不宜低于2，应结合债权人的要求确定。

（2）偿债备付率（DSCR）

计算公式为：

$$DSCR = \frac{EBITDA - TAX}{PD} \times 100\%$$

式中　EBITDA——息税折旧摊销前利润为息税前利润加折旧和摊销；

　　　TAX——企业所得税；

　　　PD——应还本付息金额。

应还本付息金额包括还本金额和计入总成本费用的全部利息。融资租赁费用可视借款偿还。运营期内的短期借款本息也应纳入计算。如果项目在运行期内有维持运营投资，可用于还本付息的资金应扣除维持运营投资。

偿债备付率应分年计算。偿债备付率高，表明可用于还本付息的资金保障程度高。偿债备付率至少应大于1，一般不宜低于1.3，应结合债权人的要求确定。

（3）资产负债率（LOAR）

计算公式为：

$$LOAR = \frac{TL}{TA} \times 100\%$$

式中　TL——期末负债总额；
　　　TA——期末资产总额。

适度的资产负债率，表明企业经营安全稳健，具有较强的筹资能力，也表明企业和债权人的风险较小。对该指标的分析，应结合国家宏观经济状况、行业发展趋势、企业所处竞争环境等具体条件判定。项目经济评价中，在长期债务还清后，可不再计算资产负债率。

（4）速动比率

计算公式为：

$$速动比率 = \frac{流动资产 - 存货}{流动负债} \times 100\%$$

（5）流动比率

计算公式为：

$$流动比率 = \frac{流动资产}{流动负债} \times 100\%$$

3.5　液化天然气建设项目不确定性分析主要方法

作为投资决策依据的技术经济分析是建立在分析人员对未来事件所作的预测与判断基础之上的。由于影响各种方案经济效果的政治、经济形势、资源条件、技术发展情况等因素未来的变化带有不确定性，加上预测方法和工作条件的局限性，对方案经济效果评价中使用的投资、成本、产量、价格等基础数据的估算与预测结果不可避免地会有误差。这使得方案经济效果的实际值可能偏离其预期值，从而给投资者和经营者带来风险。例如投资超支、建设工期拖长、生产能力达不到设计要求、原材料价格上涨、劳务费用增加、产品售价波动、市场需求量变化、贷款利率及外币汇率变动等都可能使一个投资项目达不到预期的经济效果，甚至发生亏损。为了尽量避免决策失误，我们需要了解各种外部条件发生变化时对投资方案经济效果的影响程度，需要了解投资方案对各种外部条件变化的承受能力，以及对应于可能发生的外部条件的变化，投资方案经济效果的概率分布，需要掌握风险条件下正确的决策原则与决策方法。

由于不确定性因素变化对评价指标具有影响，所以需要对经济评价结果进行不确定性分析和风险分析，主要包括盈亏平衡分析、单因素敏感性分析和多因素组合概率分析。

3.5.1 盈亏平衡分析

各种不确定因素（如投资、成本、销售量、产品价格、项目寿命期等）的变化会影响投资方案的经济效果，当这些因素的变化达到某一临界值时，就会影响方案的取舍。盈亏平衡分析的目的就是找出盈亏平衡点的临界值，判断投资方案对不确定因素变化的承受能力，为决策提供依据。

盈亏平衡点通过正常年份的产量或销售量、可变成本、固定成本、产品价格和营业税金及附加等数据计算。可变成本主要包括原材料、燃料、动力消耗等，固定成本主要包括人工成本、折旧费、无形资产及其他资产摊销、修理费和其他费用等。为简化计算，财务费用一般也将其作为固定成本。正常年份应选择还款期间的第一个达产年和还款后的年份分别计算，以便分别给出最高和最低的盈亏平衡点区间范围。盈亏平衡关系式为：

当"利润＝销售收入－总成本－税金＝0"时，达到盈亏平衡，其中：

$$销售收入=产品单位价格\times产品销售量$$
$$总成本=变动成本+固定成本$$
$$总成本=单位变动成本\times产量+固定成本$$

项目经济评价一般进行线性盈亏平衡分析，线性盈亏平衡分析应满足假定条件：产量等于销售量，即当年生产的产品当年销售出去；产量变化，单位可变成本不变，从而总成本费用是产量的线性函数；产量变化，产品售价不变，从而销售收入是销售量的线性函数；按单一产品计算，当生产多种产品，应换算为单一产品，不同产品的生产负荷率的变化应保持一致。

项目经济评价的盈亏平衡点（BEP）一般以产量和生产能力利用率来表示，计算公式如下：

（1）盈亏平衡点（$BEP_{产量}$）

$$BEP_{产量}=\frac{年固定成本}{单位产品价格-单位产品可变成本-单位产品销售税金及附加}$$

（2）盈亏平衡点（$BEP_{生产能力利用率}$）

$$BEP_{生产能力利用率}=\frac{盈亏平衡点销售量}{设计生产能力}\times100\%$$

或

$$BEP_{产量生产能力利用率}=\frac{年固定成本}{年销售收入-年可变成本-年销售税金及附加}\times100\%$$

一般通过盈亏平衡点生产能力利用率分析图表示盈亏平衡分析的计算结果,见图3-1。

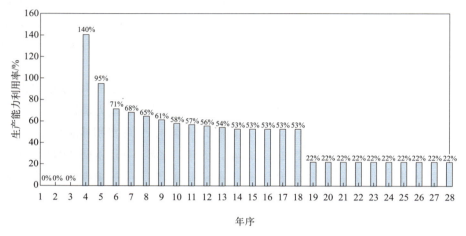

图3-1　盈亏平衡分析的计算结果

3.5.2　单因素敏感性分析

根据项目特点,结合经验判断选择对项目效益影响较大且重要的不确定因素进行分析。对于投资项目,主要对建设投资、年销售量、国际油价、原材料价格、产品价格(市场承受价格)、生产成本、完工期延误,以及利率、汇率等不确定因素进行敏感性分析。敏感性分析一般是选择不确定因素在可能的变动范围内发生不同幅度变动所导致的经济效果指标的变动结果,对于不便用百分数表示的因素,例如建设工期,可采用延长一段时间表示,如延长一年。

建设项目经济评价有一套指标体系,敏感性分析可选定其中一个或几个主要指标进行分析,最基本的分析指标是内部收益率,根据项目的实际情况也可选净现值或投资回收期评价指标,必要时可同时针对两个或两个以上的指标进行敏感性分析。

单因素敏感性分析是指对于选定的不确定性因素,按单因素改变其取值,逐次增加(0～20%)或减少(0～20%)一定的比例(按具体情况选择变化范围),计算相应的经济评价指标。

LNG建设项目主要通过选取不确定因素(如投资、经营成本、年销售量、原材料进价、产品售价等），改变其取值，计算其变化对项目内部收益率的影响程度，并绘制敏感性分析曲线图。

在基准内部收益率下计算目标（产品销售价格）随各参数变化的敏感性分析，编制产品价格的敏感性分析表（附录4附表C.1），并绘制敏感性分析曲线图（图3-2）。一般LNG项目选LNG的CIF或DES、年销售量、投资、操作成本（不包括原材料的经营成本）和汇率（不包括建设期的汇率变化）等参数进行敏感性分析。

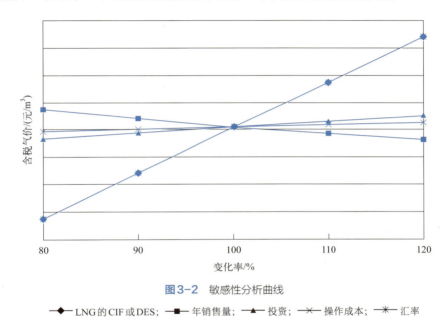

图3-2　敏感性分析曲线

◆─LNG的CIF或DES；■─年销售量；▲─投资；✕─操作成本；＊─汇率

编制产品售价对主要原材料进价的敏感性分析表（附录4附表C.2），LNG建设项目的下游供气价格对国际油价变化的敏感性分析表（附录4附表C.3）。根据计算结果表和图，对比评价指标随不确定性因素取值增减而发生的变动程度，识别不确定因素为重要影响因素还是一般影响因素。

3.5.3　多因素组合概率分析

多因素组合概率分析是指依据敏感因素分析结果，对影响项目的主要敏感因素依据经验或可能分别给出其取值变化不同情况，以及对应不同情况可能发生的概率，再将需要进行同时分析的主要因素（至少两个）进行多因素组合概率分析，从而得出在多种因素共同影响下，项目净现值的期望值大于零的概率。在掌握一定资料时建议进一步进行多因素组合概率分析。具备条件的做多因素分析。

3.5.4 不确定性分析图表

将不确定性分析的结果进行汇总，编制下述图表，并对分析结果进行文字说明，将不确定因素变化后计算的经济评价指标与基本方案评价指标进行对比分析，按不确定性因素的敏感程度进行排序，找出最敏感的因素，分析敏感因素可能造成的风险，并提出应对措施。

① 盈亏平衡分析的计算结果（图3-1）。
② 敏感性分析表（附录4附表C.1）。
③ 敏感性分析曲线（图3-2）。
④ 价格敏感性分析表（产品售价受主要原材料进价影响）（附录4附表C.2）。
⑤ 价格敏感性分析表（下游气价受国际油价影响）（附录4附表C.3）。

3.6 方案经济比选

为深入挖掘液化天然气项目投资运营的内在价值，投资决策者往往需要在建设项目整体功能满足要求的前提下，通过不同方案的经济比选适应匹配多元投资情境的战略选择，实现经济评价与投资实践的帕累托最优对接。基于效益与费用的二元因素考量，本节将从"比选目标→应用条件→比选原则→比选方法"的顺次逻辑，详细介绍方案经济比选的流程性内容，以期为读者建构较为翔实的理论蓝图。

3.6.1 比选目标

方案经济比选是寻求合理的经济和技术方案的必要手段，是项目评价的重要内容。投资主体在项目选择时，经常要对多个项目进行比选或对同一项目不同方案进行比选，项目经济评价中宜对互斥方案和可转化为互斥型的方案进行比选。互斥方案比选，需要选择单个项目最优或多个项目的整体最优，最有效地分配有限的资金，以获得最好的经济效益，使有限投资的总体净现值（或净年值）最大。

3.6.2 应用条件

① 备选方案的整体功能应达到目标要求；
② 备选方案的经济效率应达到可以被接受的水平；
③ 备选方案包含的范围和时间应一致，效益和费用计算口径应一致。

3.6.3 比选原则

① 在项目无资金约束条件下，采用净现值比较法、净年值比较法和差额投资内部收益率法。

② 方案效益相同或基本相同时，可采用最小费用法，即费用现值比较法或费用年值法，费用相同时采用最大效益方案。

③ 对方案初评，可以采用静态分析方法，分析指标包括增量投资收益率、增量投资回收期、年折算费用等。

④ 一般实际比选指标：单位功能建设投资、单位功能运营费用。

3.6.4 比选方法

方案经济比选可采用效益比选法、费用比选法。

（1）效益比选法

包括净现值比较法、净年值比较法、差额投资内部收益率比较法。

① 净现值（NPV）比较法 计算期相同时，计算各方案的净现值（NPV）进行比较，以净现值较大为优。比较净现值时应采用相同的折现率。

② 净年值（NAV）比较法 比较净年值时应采用相同的折现率。

有多个项目比较时，计算每个项目的净年值进行比较，计算公式为：

$$NAV = \sum_{t=1}^{n}(CI-CO)_t \times (1+i_c)^{-t} \times (A/P, i, n)$$

$$A = P \times \frac{i(1+i)^n}{(1+i)^n - 1}$$

式中　CO——现金流出，等于年全部投入（I）（包括固定资产和流动资金投入）+ 年经营成本（C）；

　　　CI——现金流入，等于年营业收入（S）+ 计算期末流动资金回收额（SV）+ 固定资产余值的回收（W）；

$A/P, i, n$ ——资金回收系数；

i_c ——基准收益率。

以净年值较大的方案为优，$NAV \geqslant 0$ 时项目在经济上可接受。

在计算期不等的互斥方案进行比选时，净年值（NAV）法是最为简便的方法，净年值大于或等于零，净年值最大的方案为相对较优。

③ 差额投资内部收益率比较法　也称增量投资内部收益率比较法，是解决由于投资不同而得出不同的内部收益率的方案的比选，解决按内部收益率比选与用价值性指标（NPV）比选不一致的问题。

增量投资内部收益率（ΔIRR）是两方案的各年净现金流量的差额的现值之和等于零时的折现率，计算公式为：

$$\Delta NPV(\Delta IRR) = \sum (A_{1t} - A_{2t}) \times (1 + \Delta IRR)^{-t} = 0$$

$$A_{1t} = (CI - CO)_{1t}$$

$$A_{2t} = (CI - CO)_{2t}$$

式中　A_{1t} ——初始投资大的方案年净现金流；

A_{2t} ——初始投资小的方案年净现金流。

计算差额投资内部收益率（ΔIRR），与设定的基准收益率（i_c）进行对比，当差额投资内部收益率大于或等于设定的基准收益率时，以投资大的方案为优，反之，投资小的方案为优。在进行多方案比较时，应先按投资大小，由小到大排序，再依次就相邻方案两两比较，从中选出最优方案。

增量分析法还包括：增量投资收益率、增量投资回收期方法，对不同的方案进行费用和效益差额分析，如果增加的收益能够抵补增加的费用，则成本费用高的方案为优。

（2）费用比选法

包括费用现值比较法、费用年值比较法。

① 费用现值比较法　指计算各方案的费用现值（PC），以费用现值较低的方案为优。计算公式为：

$$PC = \sum_{t=1}^{n} CO_t (P/F, i, t)$$

对于两个不同期的方案，需要选用一个共同的计算期来分析费用现值。其中贴现系数（$P/F, i, t$）公式为：

$$P=F(1+i)^{-n}$$

② 费用年值比较法　指计算备选方案的等额年费用（AC），以年费用较低的方案为优。计算公式为：

$$AC=\sum_{t=1}^{n} CO_t(P/F, i, t)(A/P, i, n)$$

或

$$AC=PC(A/P, i, n)$$

（3）互斥方案特点和方案选择

多个项目（方案）互斥或互相排挤（如受资金约束），就形成互斥关系。互斥方案的比选方法详见表3-8。

表3-8　互斥方案的比选方法表

现金流	计算期相等	计算期不等
效益不同或效益与费用都不同	① NPV 取最大或 NAV 最大 ② 直接进行差额分析	① NAV 取最大 ② 选用适当的方法统一计算期，NPV 取最大或进行差额分析
效益或效果相同，费用不同	费用现值 PC 取最小，年费用 AC 取最小	年费用 AC 取最小或选用适当方法统一计算期后费用现值取最小

3.7　小结

作为液化天然气项目投资决策的重要依据，经济评价工作开展的科学性与有效性在根本上决定了项目运营的经济效率与效果，已然成为建设项目财务生存能力与市场竞争力的判断来源。遵循方法论与实践论的二元视角，本章尝试系统建构完善经济评价方法的体系性框架，以期为读者展示经济评价工作的逻辑思路。具体而言，首先，以经济评价方法总则为出发点，系统介绍了LNG建设项目经济评价概述、原则及编制深度，奠定经济评价的工作导向；其次，结合建设项目经济评价的目的，围绕基础数据与基本步骤的层次流程，全面展示了经济评价工作的主要内容，在此基础上，立足于经济评价工作的实践构成，详细陈列了LNG建设项目的构成、经济评价基础数据及参数，初步形成了经济评价模型及测算的宏观架构；再次，基于投资决策的核心依据，从利润及所得税、盈利能力分析及偿债能力分析等指标出发，深入研讨了LNG建设项目的经济评价指标及计算方法；然后，考虑到LNG建设项目投资环境的复杂性与动态性，围绕盈亏平衡分析、单因素敏感性分析、多因素组合概率分析及不确定性分析图表等主要内容阐述了不确定性分析的主要方法；最后，为保障建设项目经济效益投入产出最大化，笔者基于经济评价与投资实践的匹配关系，细致讲解了方案比选的目标、应用条件、比选原则及方法，形象塑造了液化天然气项目经济评价工作输入与输出的闭环发展架构，从而夯实全书客观可靠的方法论体系，以期为读者多角度、多方位、多层次地描述液化天然气项目经济评价蓝图。

第 4 章
液化天然气项目经济评价应用案例

4.1 液化天然气项目经济评价的内在逻辑
4.2 液化天然气接收站新建项目经济评价案例
4.3 液化天然气接收站改扩建项目经济评价特点及案例
4.4 小结

液化天然气项目经济评价的理论与方法支撑构建了该类项目经济评价工作的框架结构，也为有序开展液化天然气项目投资与经济评价工作描绘了较为清晰的蓝图。基于理论与实践辩证统一的工作逻辑，在深入研讨的基础上为液化天然气项目经济评价的案例分析提供实践指导，是贯彻本书写作的主线思路。因此，基于前文的理论分析，本章将从液化天然气项目经济评价的内在逻辑出发，落脚于新建项目与改扩建项目的应用场景，运用案例分析的工具箱向读者展示液化天然气项目经济评价工作的最终呈现内容。

4.1 液化天然气项目经济评价的内在逻辑

LNG项目的经济评价是立足于LNG项目建设的投资视角，对项目盈利能力和清偿能力开展经济分析，以期为企业提供决策支持的综合性技术工作。在LNG项目建设过程中，经营企业承担着自负盈亏的投资主体角色，科学高效的经济评价工作是影响企业资本要素投入产出比的重要因子，因此亟须厘清LNG项目经济评价的内在逻辑，从而夯实投资决策的底层基础。

根据LNG项目经济评价的分析结果，投资主体能够深入剖析项目在评价期内的预期收益水平，依托经济效益最大化原则制定短中长期的资金规划，统筹和协调资本、人力及设备设施等资源的配置效率，充分保障项目的财务生存能力和企业的市场竞争力，确保LNG项目的投资、建设及运营过程能够响应国家顶层的战略需求。

4.1.1 液化天然气项目经济评价的主要流程

（1）准备LNG项目经济评价的基础数据

LNG项目基础数据的完备性与客观性决定了经济评价结果的有效性。通过把握LNG项目整体概况、明晰当地经济产业发展环境、梳理市场不同要素价格水平、建构技术方案等基本信息，形成经济评价的预测数据和基本参数，最终为经济评价提供切实可靠的数据支持。LNG项目经济评价的基础数据主要包括：

① LNG项目投资侧相关数据　主要由投资估算环节得到，例如主要资产的固定资产与无形资产等数据，建设总投资的建设投资、建设期利息及流动资金等数据，以及其他投资数据。

② LNG 项目产品侧相关数据　主要由实地调研、现场询价及预测分析得到，例如 LNG 项目年度的计划气化量与实际气化量，以及市场对应可承受的气化费价格水平。

③ LNG 项目成本侧相关数据　主要包括成本费用构成及计算，例如原材料费、燃料动力费、人员费用、制造费用、管理费用及财务费用等数据，种类繁多且计算方式相对多样，将在后文通过案例的形式予以说明计算过程。

由于基础数据搜集工作的前期性，经济评价的基础数据体系主要由对比分析、实践经验及专家咨询形成的预测性数据构成，剩余部分则为固定基本参数。基础数据重点用于编制多项财务评价报表，主要包括投资估算表、总成本费用估算表、营业收入估算表、营业税金及附加估算表、利润与利润分配表等，预测数据的准确性显著影响经济评价结果的走向。

（2）编制资金规划与计划

根据 LNG 运营企业的投资管理制度要求，估算 LNG 项目投资的资金数量和资金来源。主要包括：根据项目投资数据和实施计划估算分年投资数据；以企业投资管理制度要求为基础，调查项目可筹集到的银行贷款种类、数量或可能发行的股票、债券等，以及企业用于项目投资的自有资金数量和用于偿还各年债务的资金数量。

作为 LNG 项目建设与运营的财务保障性因素，项目资金规划需满足资金投入与项目收入之间的平衡要求。资金规划可用于编制项目总投资使用计划与资金筹措表、借款还本付息计划表等。

（3）计算和分析经济评价结果

根据经济评价基础数据和资金规划，编制项目投资现金流量表、项目资本金现金流量表、财务计划现金流量表等，计算经济评价的主要经济指标。

4.1.2　液化天然气项目经济评价与投资决策研究、设计的关系

LNG 项目经济评价的主要内容与项目投资决策阶段的可行性研究、后续的初步设计有着紧密的关系，为投资决策研究和设计提供了有效支撑。

结合 LNG 项目的建设背景，基于市场、环境及政策等宏观的调研与研判，系统厘清项目拟建规模、市场供需侧发展现状及演变趋势，以期合理界定 LNG 项目年度计划市场量，系统预测价格及其未来走势，为项目技术方案的初步构建提供实践指导。在此基础上，遵循"厂址选择→环境保护/安全生产→企业组织、定员→项目实

施计划"的顺次逻辑完成LNG项目投资决策阶段的研究和设计工作。

依托前置工作的投资估算、收入估算与成本估算数据，可得到LNG项目的年度现金流入与现金流出，并以此测算评价期内LNG项目的经济评价效果，为项目可行性研究以及后续的初步设计提供决策参考。具体如图4-1所示。

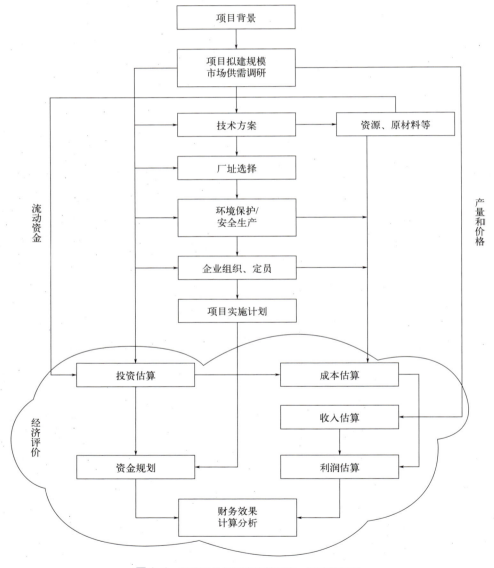

图4-1 经济评价与投资决策研究、设计的关系

4.1.3 液化天然气项目经济评价基础财务报表的编制

基于 LNG 项目财务评价"输入与输出"的内在逻辑，为了进行企业投资 LNG 项目的财务效果计算，需在了解项目基本概况的基础上，以企业投资管理制度为指导，参阅建设项目经济评价方法与参数等文件，系统梳理项目基础数据，编制主要财务评价报表：项目总投资使用计划与资金筹措表、总成本费用估算表、营业收入与营业税金及附加估算表、利润与利润分配表和现金流量表等，以此为 LNG 项目的投资、建设及运营提供决策支撑，具体如下：

投资估算表：主要包括固定资产、无形资产、其他资产、流动资金、建设期利息、增值税等估算内容，作为编制项目总投资使用计划与资金筹措表、借款还本付息计算表、折旧与摊销估算表的前置数据。

项目总投资使用计划与资金筹措表：计算各年度项目投资额和资金来源，作为编制借款还本付息计算表的前置数据。

借款还本付息计算表：根据项目借款计划、与银行商谈的还款办法及可供还款的资金来源编制，作为编制总成本费用表中财务费用的前置数据。

折旧与摊销估算表：主要包括固定资产折旧估算、无形资产及递延资产摊销等估算内容，资产原值根据投资形成的资产估算值，结合国家财政部门、企业规定的折旧与摊销年限、方法、残值率等办法计算，作为总成本费用表中折旧、摊销费用的前置数据。

总成本费用估算表：按成本构成要素计算各年成本费用。为便于计算经营成本，表中应列出各年折旧、摊销费用和财务费用，以此作为利润与利润分配表的前置数据。

营业收入、营业税金及附加估算表：营业收入由预测的销售量和价格计算，营业税金按国家税务部门规定的税种、税率和方法计算，作为利润与利润分配表的前置数据。

利润与利润分配表：根据营业收入、营业税金及附加估算表、总成本费用估算表等前置估算表，计算项目各年利润总额、所得税、净利润及利润分配情况。

现金流量表：企业独资或合资的 LNG 项目，财务评价一般应编制项目投资现金流量表、项目资本金现金流量表；当投资者中各方股权收益不对等时，或由项目带来外部收益时，可进行投资各方的现金流量分析，编制投资各方现金流量表。上述各项报表的数据作为编制现金流量表的前置条件。

不同财务报表编制的逻辑关系如图 4-2 所示。

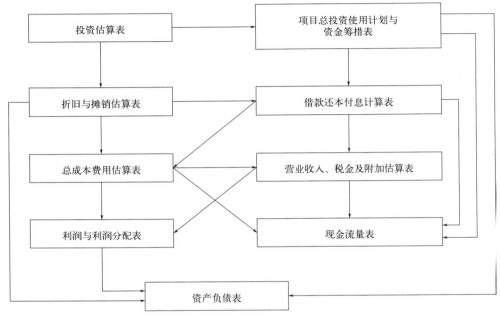

图 4-2　各财务报表之间的关系

4.2　液化天然气接收站新建项目经济评价案例

LNG 接收站作为液化天然气产业链资源利用的源头，接收从海上运输来的液化天然气，通过接卸存储外输的工艺流程为下游用户供气。本节以某 LNG 接收站新建项目为例，重点讲解新建 LNG 接收站项目的经济评价方法和完整评价流程。

4.2.1　项目概况

某 LNG 接收站项目位于长三角沿海，项目包括接收站工程、码头工程。

接收站工程建设规模为每年处理 300 万 t LNG，建设 4 座 16 万 m^3 LNG 储罐及配套设施。

码头工程建设 1 座可靠泊 26.6 万 m^3 船型的 LNG 运输船接卸码头和一座靠泊 3000t

工作船的码头，码头工程还包括港池、航道、锚地以及码头辅助设施。

4.2.2 投资估算与融资方案

（1）投资估算

① 建设投资估算范围及内容　建设投资估算范围：LNG接收站工程、码头工程。建设投资估算内容包括：固定资产投资、无形资产投资、其他资产投资和增值税。

建设投资=固定资产投资+无形资产投资+其他资产投资+增值税

项目建设投资为664653万元，其中LNG接收站519781万元，码头工程144872万元，建设投资中的增值税抵扣额按照规定估算为53848万元。

② 建设期利息估算　项目建设投资资金结构应符合国家有关资本金比例规定，同时符合金融机构信贷法规及债权人有关资产负债比例的要求，既满足权益投资者获得期望投资回报又能较好地防范财务风险的比例是较理想的资本金与债务资金的比例。

按照国家关于固定资产投资项目资本金管理的相关规定及企业投资管理制度要求，本项目建设投资当中30%为自有资金，70%为银行贷款，有效贷款年利率为4.99%。

本项目建设期3年，年中借款，采用银行借款付息，建设期利息按复利计算。

各年应计利息=（年初借款本息累计+本年借款额/2）×年利率

建设期利息=∑建设期各年应计利息=33099（万元）

③ 流动资金估算　接收站工程和码头工程生产运营所需的流动资金采用分项详细估算法。

流动资金=流动资产−流动负债

其中流动资产估算构成为应收账款、存货、现金等，流动负债估算构成为应付账款。流动资产和流动负债的最低周转天数建议参考企业发布的经济评价参数或财务账面数据。

年周转次数=360/周转天数

④ 总投资估算　计算公式如下，汇总表见表4-1。

项目总投资=建设投资+建设期利息+流动资金
=664653+33099+3771=701523（万元）

表4-1 项目总投资汇总表

序号	工程或费用名称	估算结果/万元
	总投资（含增值税）	701523
1	建设投资	664653
2	建设期利息	33099
3	流动资金	3771

（2）资金来源与融资方案

项目总投资701523万元，按自有资金和借款筹集。项目资金结构建议结合企业财务状况和自由现金流。本项目的资本金比例为30%，流动资金的30%按自有资金考虑，由企业筹集；建设投资和流动资金的70%、建设期利息的100%由金融机构贷款解决。

项目资本金＝建设投资×项目资本金比例＝664653×30%＝199396（万元）

项目自有流动资金＝流动资金×自有流动资金比例＝3771×30%＝1131（万元）

债务资金＝用于建设投资的债务资金＋用于流动资金的债务资金＋建设期利息
　　　　＝465257＋2640＋33099＝500996（万元）

建设投资按项目实施计划分三年按比例23%、50%、27%投入，流动资金分5年投入，项目按运营期20年计算。

4.2.3 财务分析

（1）财务分析范围

项目财务分析范围包括接收站和配套码头。LNG被接收站接卸后一部分进行气化，另一部分以液态形式储存转卖，经气化后转化为天然气输送到干线管道，转卖LNG离开槽车装车区所发生的投入和收益均在项目财务分析范围内。

（2）财务分析依据

① 国家发展改革委（国家发改委）、建设部发布的《建设项目经济评价方法与参数》（第三版）；

② 国家发改委《关于完善进口液化天然气接收站气化服务定价机制的指导意见》（发改价格〔2022〕768号）（下称《气化服务定价机制》）；

③ 企业发布的项目经济评价参数文件；

④ 企业发布的项目经济评价方法文件；

⑤ 国家的财政与税收政策；
⑥ 项目的其他资料。

（3）财务分析方法

根据国家发改委《气化服务定价机制》文件测算项目的气化服务价格，液态服务价格参考周边LNG项目，以此测算项目的财务内部收益率（税后），说明如下。

① 根据国家发改委《气化服务定价机制》文件，新建接收站投产运营初期可参照可行性研究核定临时价格；

② 气化服务价格实行政府指导价管理，按照"准许成本加合理收益"的方法制定，即通过核定气化服务成本、监管准许收益确定准许收入，再除以气化量核定气化服务价格，准许收益率原则上不超过8%，气化服务费原则上每三年监审校核一次；

③ 液态装车等衍生服务价格，可由接收站在依法依规的前提下通过协商、竞拍等市场化方式确定。

本项目不考虑上游LNG原料采购及产品（天然气和LNG）的销售，通过计算收取原料接卸处理的成本费用加利润，以委托加工的运营模式进行评价。

接收站运营期一般按照20年设定。本项目为新建项目，投产运营初期（第1～4年）为生产负荷渐增期，项目投产初期一般不对项目财务内部收益率做硬性要求，本项目以达到项目财务内部收益率8%为条件测算LNG含税综合加工费，作为投产运营初期的LNG综合加工费；本项目达产期为第5～20年，气化服务价格按照"准许成本加合理收益"方法以准许收益率8%确定，每三年监审校核一次。液态服务价格参考长三角周边同类型项目的液态服务价格。

综上，按照上述模式和方法可测算出项目的经济效益。

企业应根据LNG接收站项目的运营模式，考虑接收站提供的服务是否受政府成本监审约束，最终确定项目的财务分析方法。

（4）财务评价说明

财务评价采用的价格均为不含税价格。

（5）财务分析参数和基础数据

① 财务分析参数

a. 评价期23年，其中：建设期3年，接收站运营期一般按照20年设定。

b. 增值税税率：LNG加工13%；LNG加工损耗、水9%；电、液氮、其他13%。

c. 城市维护建设税税率7%。

d. 教育费附加费率（含地方教育附加费）5%。

e. 所得税税率25%。

f. 盈余公积金比例10%。

g. 净残值率5%，可根据企业财务规定调整。

② 基础数据　财务分析采用的生产经营数据见表4-2，项目第5年达产。

表4-2　生产经营数据表

项目	第1年	第2年	第3年	第4年	第5～20年
气态天然气加工量/万t	104	155	185	194	203
液态天然气加工量/万t	47	60	72	86	100
加工量合计/万t	151	215	257	280	303
损耗量/%	加工量×0.5% 可以加工量的一定比例计取，或以测算的数据作为损耗量				
液氮消耗量/(t/a)	638	908	1083	1183	1280
耗电量/(万kW·h/a)	3068	4363	5206	5686	6152
耗水量/(万t/a)	54	54	54	54	54
海水消杀剂/(t/a)	34	34	34	34	34

（6）总成本费用估算

本项目总成本费用包括接收站、码头的成本和费用。

生产成本一般包括外购原材料、外购燃料动力、外购辅材、外购燃料动力、拖轮租赁费、水工作业费、港杂费、航道清淤费、海域使用金、人员、折旧、摊销、修理费、保险费、安全生产费、其他制造费、其他管理费等成本和费用。

① 外购原材料费　外购原材料费即LNG原材料的进口价格。本项目为委托加工运营模式，一般不考虑外购原材料费，价格仅用于加工过程的损耗费用计算；LNG统购统销运营模式的接收站需计取外购原材料费。

LNG进口价格一般由企业的资源采购单位根据全球原油价格水平及企业LNG进口资源采购合同确定。

本项目LNG到岸价（不含税）按8.3美元/MMBTU计算，折合天然气（标况）价格（不含税）为2.06元/m^3。折算系数为1MMBTU LNG约等于28m^3天然气。

② 外购辅材　包括液氮和海水消杀剂。液氮价格（含税）3000元/t，海水消杀剂价格（含税）18000元/t。

③ 外购燃料动力　包括水和电。水价（含税）2.65元/t，电价（含税）0.621元/(kW·h)。

④ 人员费用　项目运营期定员246人，人员费用按15万元/(人·年)计取，企业可根据实际情况调整。

⑤ 修理费　按固定资产原值（扣除建设期利息）的1.5%计取。修理费计算方法和费率，企业可根据实际情况调整。

⑥ 保险费　按固定资产原值的0.1%计取，企业可根据实际情况调整。

⑦ 安全生产费　根据财咨〔2022〕136号《企业安全生产费用提取和使用管理办法》，按年营业收入的0.2%～4.5%分段计取。

⑧ 其他制造费　按11万元/(人·年)计取，企业可根据实际情况调整。

⑨ 其他管理费　按4万元/(人·年)计取，企业可根据实际情况调整。

⑩ 海域使用金　本项目用海主要包括透水构筑物、港池、专用航道、取排水口等，年费用约73万元/年，企业可根据项目实际用海情况和项目当地的海域使用金计费文件计算。

⑪ 航道清淤费　本项目航道清淤费为1203万元/年，企业可根据项目航道实际情况调整。

⑫ 拖轮租赁费、水工作业费、港杂费　本项目运营模式为委托加工，企业的LNG资源采购单位为项目提供的DES到岸价包含了LNG资源价格、船运费及项目的拖轮租赁费、水工作业费和港杂费，由企业的LNG资源采购单位承担，本项目不计取上述费用。

企业可根据项目运营模式和实际情况计取相应费用。

⑬ 折旧费和摊销费　见表4-3。

表4-3　折旧费和摊销费

序号	项目	年限	残值率	方法
1	固定资产	20年	5%	直线法
2	无形资产	土地使用权50年 其他无形资产10年	0	直线法
3	其他资产	5年	0	直线法

⑭ 财务费用　主要包括运营期的长期借款利息和流动资金借款利息。

运营期长期借款利息是建设投资的长期借款及建设期末资本化的利息在生产期内偿还的利息，利息支出按借款比例及贷款利率测算。

流动资金按年计息进入成本在生产期末回收全部流动资金。

贷款利率可参考全国银行间同业拆借中心定期发布的1年期和5年期以上贷款市场报价利率（LPR）。

⑮ 总成本费用估算结果　经估算，运营期年均经营成本36415万元，年均总成本费用为77718万元。

（7）营业收入、营业税金及附加估算

① 营业收入估算

a. LNG加工量　本项目为委托加工的运营模式，提供气化服务和液态服务，营业收入为两项服务收入之和，项目的LNG加工量见表4-4。

表4-4　项目LNG加工量

项目	第1年	第2年	第3年	第4年	第5～20年
气态天然气加工量/万t	104	155	185	194	203
液态天然气加工量/万t	47	60	72	86	100
加工量合计/万t	151	215	257	280	303

b. LNG委托加工服务价格　按照国家发改委《气化服务定价机制》文件，新建接收站投产运营初期可参照可行性研究核定临时价格，本项目投产运营初期第1～4年为生产负荷渐增期，以达到项目财务内部收益率8%为条件测算，本项目投产运营初期第1～4年的LNG含税综合加工费为0.332元/m^3。

本项目达产期为第5～20年，按照《气化服务定价机制》文件，气化服务价格由"准许成本加合理收益"方法以准许收益率8%确定，每三年监审校核一次；气化服务与其他服务共用的成本和资产可按照业务量比例分摊，本项目气态加工量为203万吨，占达产加工量的比例约为67%，气化服务价格需分摊的准许成本和准许收益以项目一体化运营的准许成本和准许收益乘以该比例计算。

液态服务价格通过市场化方式确定，本项目参考长三角周边同类型项目，确定液态服务价格约0.300元/m^3。

项目的气化和液态服务价格见表4-5。

表4-5　气化和液态服务价格

运营期/年	1～4	5～7	8～10	11～13	14～16	17～19	20
气化服务价格/(元/m^3)	0.323	0.318	0.297	0.278	0.260	0.241	0.219
液态服务价格/(元/m^3)	0.300							

② 营业税金及附加

a. 增值税　经测算，运营期年均增值税为9214万元。

b. 营业税金及附加　营业税金及附加为城市维护建设税和教育费附加之和。经测算，运营期年均营业税金及附加为1106万元。

（8）财务分析

① 项目盈利能力分析

a. 项目财务现金流量分析　按照上述项目商务模式、数据、参数和服务价格，经测算项目财务内部收益率（税后）为6.53%，财务净现值为28580万元，投资回收期（包括建设期）为12.9年。

将所测算的项目财务内部收益率（税后）与企业制定的LNG接收站项目的财务基准收益率进行对比，若测算结果高于财务基准收益率，一般可认为项目达到基准收益率要求。

b. 项目资本金现金流量分析　经测算，项目资本金财务内部收益率为10.38%。

c. 利润与利润分配　计算公式如下。

$$年利润总额=营业收入-营业税金及附加-总成本费用$$

经测算，运营期年均利润总额、年均所得税和年均净利润（NP）分别为28146万元、7036万元和21109万元。

$$ROI = \frac{EBIT}{TI} \times 100\% = \frac{38270}{690924} \times 100\% = 5.54\%$$

$$ROE = \frac{NP}{EC} \times 100\% = \frac{21109}{200527} \times 100\% = 10.5\%$$

② 项目清偿能力分析　项目按照13年等额还本付息方式偿还长期借款，生产期内各年的利息均计入财务费用分析项目的清偿能力。

a. 经测算，项目利息备付率指标从运营期第2年开始大于1，说明项目盈利偿付利息的保证从第2年开始较大。

b. 经测算，项目偿债备付率指标从运营期第7年开始稳定大于1，说明从第7年开始，可用于还本付息的资金偿还借款本息的保证倍率较高。

c. 经测算，运营期资产负债率第1年和第2年高于70%，后续年份逐年降低。

③ 项目财务生存能力分析　通过计算项目评价期内的投资、融资和经营活动所产生的各项现金流入和流出，计算净现金流量和累计盈余资金，分析项目是否有足够的净现金流量维持正常运营，以实现财务可持续性。

财务计划现金流量表显示，项目第一年亏损，但经营现金流为正值，累计盈余资金为正值，项目具有一定财务生存能力。

4.2.4 不确定性分析

（1）盈亏平衡分析

如图4-3所示，盈亏平衡点的计算结果显示，项目投产前期是气量渐增期，盈亏平衡点处于较高水平；运营期后期，随着项目达产、还款结束等因素，盈亏平衡点呈逐年递减。

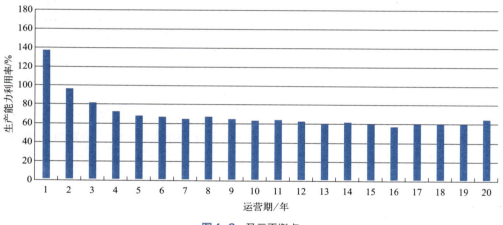

图4-3　盈亏平衡点

（2）敏感性分析

选取建设投资、LNG加工量、经营成本对项目财务内部收益率作单因素敏感性分析。图4-4分析结果显示，LNG加工量对项目财务内部收率的影响最大，建设投资、经营成本的影响次之。

4.2.5 财务分析结论

按照上述项目的运营模式、数据、参数和服务价格，经测算，项目财务内部收益率（税后）为6.53%，财务净现值为28580万元，投资回收期（包括建设期）为12.9年。项目财务分析主要指标表见表4-6。

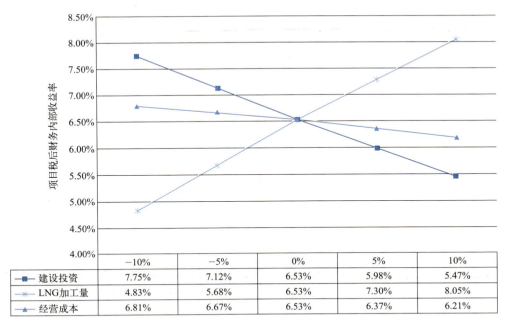

图4-4 项目财务内部收益率敏感性分析

表4-6 项目财务分析主要指标表

序号	项目名称	单位	指标	备注
1	达产气量			
1.1	LNG	万t	303	
2	成本费用			
2.1	年均总成本	万元	77718	不含税
2.2	年均经营成本	万元	36415	不含税
3	收入及利润			
3.1	年均营业收入	万元	106970	不含税
3.2	年均增值税及附加	万元	10320	
3.3	年均利润总额	万元	28146	
3.4	年均净利润	万元	21109	
3.5	年均所得税	万元	7036	

续表

序号	项目名称	单位	指标	备注
4	财务分析指标			
4.1	项目财务内部收益率			
4.1.1	财务内部收益率（税前）	%	8.2	
4.1.2	财务净现值（税前）	万元	122069	i_c=6%
4.1.3	投资回收期（税前）	年	11.6	包括建设期
4.1.4	财务内部收益率（税后）	%	6.5	
4.1.5	财务净现值（税后）	万元	28580	i_c=6%
4.1.6	投资回收期（税后）	年	12.9	包括建设期
4.2	资本金内部收益率			
4.2.1	财务内部收益率	%	10.4	
4.2.2	财务净现值	万元	91431	i_c=6%
4.2.3	投资回收期	年	9.5	包括建设期

4.3 液化天然气接收站改扩建项目经济评价特点及案例

相较于新建项目，LNG 接收站改扩建项目与既有企业的生产活动既相互关联又相互影响，导致其经济评价工作与新建项目既有共同点又有差异性。在此背景下，本节立足于改扩建项目的数据类型及财务评价的注意事项，结合新建项目经济评价的工作经验，以某液化天然气接收站改扩建项目为例，分析改扩建液化天然气接收站项目的财务评价流程，以期建构完善的经济评价流程架构体系。

4.3.1 改扩建项目的概念

在 LNG 接收站项目中，改扩建项目通常界定为以提高项目生产能力、改善技术水平并降低运营成本支出为目的的项目。既有企业通过实施改扩建项目，可以立足于原有资源与资产，依托改建、扩建及技术改造等多种途径，追加投资而形成新的生产能力，从而满足生产经营需求。

作为既有企业的有机构成，改扩建项目的开展与既有企业的生产活动相互关联又相互影响。首先，既有企业仍然承担项目融资和还款的主体角色；其次，改扩建项目的开展离不开既有企业的部分或整体资产，且建设过程中不会引起产权的转移；最后，改扩建项目的开展不会影响既有企业的生产运营工作。

4.3.2　改扩建项目的数据类型

在LNG接收站改扩建项目中，应系统厘清"现状""无项目""有项目""新增""增量"等涵盖的资产、效益及费用，通过科学的范围界定避免费用与效益重复计算、误算、漏算等常见问题。

其中，"现状"的时点定位于建设初期，是指项目实施起点的效益与费用情况。

"无项目"界定为不实施项目时，依托合理分析与预测，立足于"现状"科学研判项目评价期内效益与费用的演变特征，以得到整体现金的流入流出情况。

"有项目"界定为项目实施后，合理分析得到评价期内的整体效益与费用数据及变化特点。

"新增"是在"现状"基础上，"有项目"情境下发生的变化额，即"现状"与"有项目"间效益与费用的差额，通常在"现状"数据基础上测算新增数据而得到"有项目"数据。

"增量"则是在有无对比原则下，"有项目"与"无项目"间效益与费用的数据序列差额。

在效益测算方面，"无项目"效益与"老产出"挂钩，费用也为"老产出"的成本支出；"有项目"效益则由"新产出"与"老产出"共同决定，费用也要统筹考量"新产出"与"老产出"的成本支出。作为"无项目"数据预测的测算基础，"现状"数据在替代"无项目"数据时容易脱离项目实践，弱化"增量"数据的客观性与可靠性，进而影响盈利能力分析结果的准确性。因此，亟须运用合理的定性与定量分析方法，科学开展"无项目"数据预测工作，夯实"增量"分析的数据基础。

在财务分析工作中，改扩建项目的数据类型较多且分类庞杂，一般做法为依托"有项目"和"无项目"的对比分析合理得到"增量"数据，以此开展项目盈利能力分析和现金流量分析，进而进行科学决策，为项目建设后的总量指标提供客观可靠的数据支持。

根据改扩建项目特点，财务评价原则上采用"有无对比法"，用"无项目""增量"与"有项目"进行分析，根据"增量"和"有项目"相结合的指标进行投资决策。

4.3.3 改扩建项目财务评价的注意事项

（1）明确界定项目效益和费用范围

在财务分析中，效益和费用的范围指项目活动的直接影响范围。局部改扩建项目范围只包括既有企业的一部分，整体改扩建项目范围则包括整个既有企业。在保证不影响分析结果的前提下，应尽可能缩小项目的范围。

（2）费用与效益口径一致原则

改扩建项目财务评价的评价期一般取"有项目"的评价期。若"无项目"的评价期短于"有项目"，则通过追加投资或费用来维持"无项目"的评价期，延长其寿命至"有项目"的结束期，并于评价期末回收资产净值；若在经济或技术上延长寿命不可行，则应终止"无项目"的评价期，其后各期现金流量为零。

（3）原有资产的利用根据具体情况处理

改扩建项目范围内的原有资产无论利用与否，均应与新增投资一并计入投资费用。可利用的原有资产按其净值提取折旧与修理费，折旧年限和修理费率应依据资产已使用年限合理确定；不可利用的资产若变卖需按其变现价值计作现金流入，不可冲抵新增投资。若不可利用的资产不变现或报废，则其仍是资产的一部分，但计算修理费时不考虑，若其规模较小或不易分割，可简化处理不予剔除。

（4）财务分析可参照一般建设项目

改扩建项目财务分析可采用一般建设项目财务分析的基本原理和分析指标，财务分析所用的表格可参照一般建设项目的财务分析表格。一般情况下，财务效益与费用宜分别单列"有项目"和"无项目"的流入与流出表格。

4.3.4 案例

LNG接收站改扩建项目一般包括：增建LNG储罐、增建码头泊位、节能降耗改造、安全环保改造、管理优化改造、技术升级改造。

增建LNG储罐和增建码头泊位属于为满足向新增天然气用户或为老用户增加供气量开展的对现有接收站或码头接卸存储能力扩容的改扩建投资项目。根据改扩建项目的特点，原则上采用"有无对比法"进行财务评价，用"无项目""增量"与"有项目"进行分析，根据"增量"和"有项目"结合的指标进行投资决策。

安全环保改造、管理优化改造和技术升级改造等可只进行费用效果分析。

本节以4.2节某液化天然气接收站项目财务评价案例为基础，在项目投资主体、经营主体不变的前提下，假设该项目完成新建液化天然气接收站项目（下称"一期工程"）并投产运营，为满足供需要求，增建4座27万m^3 LNG储罐及配套设施（下称"二期工程"），二期工程建设期3年，在一期工程投产1年后开始建设。本节以此案例为基础阐述液化天然气接收站改扩建项目财务评价的步骤和方法。

（1）某液化天然气接收站改扩建项目的财务评价方法

根据改扩建项目特点，原则上采用"有无对比法"进行财务评价，用"无项目""增量"与"有项目"进行对比分析，根据"增量"和"有项目"结合的指标进行投资决策。

"无项目"：某液化天然气接收站项目一期工程，项目概况见4.2.1节。

"增量"：某液化天然气接收站项目二期工程，新建4座27万m^3 LNG储罐及配套设施。

"有项目"：在"无项目"基础上建设"增量"二期工程，构成某液化天然气接收站项目一期工程和二期工程的整体。

（2）确定"增量"的建设内容

确定改扩建项目的建设内容是为了明确财务评价的范围，以此划分液化天然气接收站改扩建项目的"无项目""有项目"和"增量"的财务评价界面。

某液化天然气接收站二期工程的建设内容为增建4座27万m^3 LNG储罐及配套设施。

（3）确定"增量"的投资估算、资金来源与融资方案

某液化天然气接收站二期工程的投资估算方法、构成与该项目一期工程基本一致，详见4.2.2节。

资金来源与融资方案部分，由于改扩建项目有确定的方案，故可据此制订改扩建项目的资金来源与融资方案；如果没有确定的方案，则可参考该项目已建部分的方案，或按照企业发布的投资管理制度制订资金来源与融资方案。

某液化天然气接收站二期工程的资金来源与融资方案假设与该项目一期保持一致。

（4）确定"增量"的建设周期，编制与项目资产相关的财务评价计算表

确定改扩建项目的投资、资金来源与融资方案后，其建设周期决定了"增量"的"项目总投资使用计划与资金筹措表""借款还本付息计划表"和"资产折旧和摊销费估算表"的计算和编制过程。

某液化天然气二期工程"增量"的"项目总投资使用计划与资金筹措表""借款还本付息计划表"和"资产折旧和摊销费估算表"的编制案例如下。

① 编制项目总投资使用计划与资金筹措表 "无项目"一期工程的建设期3年，对应"项目总投资使用计划与资金筹措表"计算期的第1～3年，计算期第4年投产。

"增量"二期工程的建设期3年，在一期工程投产1年后开始建设，即对应表4-7计算期的第5年开工建设，第7年完成建设，计算期第8年投产。

表4-7 项目总投资使用计划与资金筹措表

序号	项目	计算期							
		1	2	3	4	5	6	7	8
1	总投资	无项目	无项目	无项目		增量	增量	增量	
1.1	建设投资	无项目	无项目	无项目		增量	增量	增量	
1.2	建设期利息	无项目	无项目	无项目		增量	增量	增量	
1.3	流动资金	无项目	无项目	无项目		增量	增量	增量	
2	资金筹措	无项目	无项目	无项目		增量	增量	增量	
2.1	项目资本金	无项目	无项目	无项目		增量	增量	增量	
2.1.1	建设投资	无项目	无项目	无项目		增量	增量	增量	
2.1.2	建设期利息	无项目	无项目	无项目		增量	增量	增量	
2.1.3	流动资金	无项目	无项目	无项目		增量	增量	增量	
2.2	债务资金	无项目	无项目	无项目		增量	增量	增量	
2.2.1	建设投资	无项目	无项目	无项目		增量	增量	增量	
2.2.2	建设期利息	无项目	无项目	无项目		增量	增量	增量	
2.2.3	流动资金	无项目	无项目	无项目		增量	增量	增量	

② 编制借款还本付息计划表　项目建设期利息的计算方法见4.2.2节，一般假设项目建设期只计息，不进行还本付息，项目投产后进行还本付息。

"增量"二期工程根据确定的投资、资金来源与融资方案，引用"项目总投资使用计划与资金筹措表"建设投资对应的债务资金数据用于"借款还本付息计划表"建设期的利息计算，即对应表4-8第5~7年的当期应计利息，作为表4-7"增量"二期工程建设期利息；"增量"二期工程计算期第8年投产，开始还本付息计算。

表4-8　借款还本付息计划表

序号	项目	计算期							
		1	2	3	4	5	6	7	8
1	建设投资贷款——无项目								
1.1	期初借款余额		无项目	无项目					
1.2	当期借款	无项目	无项目	无项目					
1.3	当期应计利息	无项目	无项目	无项目					
1.4	当期还本付息				无项目				
1.4.1	其中：还本				无项目				
1.4.2	付息				无项目				
1.5	期末借款余额	无项目	无项目	无项目	无项目				
2	建设投资贷款——增量								
2.1	期初借款余额						增量	增量	
2.2	当期借款					增量	增量	增量	
2.3	当期应计利息					增量	增量	增量	
2.4	当期还本付息								增量
2.4.1	其中：还本								增量
2.4.2	付息								增量
2.5	期末借款余额					增量	增量	增量	增量

③ 编制资产折旧和摊销费估算表　在财务评价中，对于分期建设、投产的项目，需注意各期投产时间，分别停止借款费用的资本化，即投产后继续产生的借款费用不作为建设期利息计入固定资产原值，而是作为运营期利息计入总成本费用。

"增量"二期工程投产后,其折旧费、摊销费应根据二期工程的固定资产原值、无形资产原值分别计算,即表4-9的计算期第8年开始计算折旧费、摊销费。

表4-9 资产折旧和摊销费估算表

序号	项目	计算期							
		1	2	3	4	5	6	7	8
1	无项目								
1.1	固定资产								
1.1.1	原值								
1.1.2	折旧费				无项目				
1.1.3	净值				无项目				
1.2	无形资产								
1.2.1	原值								
1.2.2	摊销费				无项目				
1.2.3	净值				无项目				
2	增量								
2.1	固定资产								
2.1.1	原值								
2.1.2	折旧费								增量
2.1.3	净值								增量
2.2	无形资产								
2.2.1	原值								
2.2.2	摊销费								增量
2.2.3	净值								增量

(5)确定"增量"费用与效益计算的数据

建设"增量"二期工程以满足供需要求,项目投产后较"无项目"一期工程将增加成本与效益,在确定"无项目""增量"界面后,需核算"增量"新增的生产经营数据,主要包括项目的加工量、燃料动力消耗量、定员等数据。

"增量"二期工程投产后即表4-10的计算期第8年开始,计算"增量"投产后新增的加工量、燃料动力消耗量和定员。

表4-10 生产经营数据表

项目	计算期								
	1	2	3	4	5	6	7	8	……
气态天然气加工量/万t				无项目	无项目	无项目	无项目	无项目+增量	无项目+增量
液态天然气加工量/万t				无项目	无项目	无项目	无项目	无项目+增量	无项目+增量
加工量合计/万t				无项目	无项目	无项目	无项目	无项目+增量	无项目+增量
损耗量/%				无项目的加工量×损耗率				无项目+增量加工量×损耗率	
液氮消耗量/(t/a)				无项目	无项目	无项目	无项目	无项目+增量	无项目+增量
耗电量/(万kW·h/a)				无项目	无项目	无项目	无项目	无项目+增量	无项目+增量
耗水量/(万t/a)				无项目	无项目	无项目	无项目	无项目+增量	无项目+增量
海水消杀剂/(t/a)				无项目	无项目	无项目	无项目	无项目+增量	无项目+增量
定员/人				无项目	无项目	无项目	无项目	无项目+增量	无项目+增量

通过表4-10确定"增量"二期项目的生产经营数据后，按照各期投产时间分项计算表4-11总成本费用，计算应注意如下事项。

① 原材料费、燃料动力费、人员费用　根据表4-10计算期第8年及以后的生产经营数据，在"无项目"基础上增加"增量"投产后相应的成本数据。

② 折旧费、摊销费、财务费用　根据表4-8、表4-9计算期第8年及以后的数据，在"无项目"基础上增加"增量"投产后的折旧费、摊销费和付息数据。

③ 修理费、运行保险费　根据表4-9计算的"增量"二期项目的固定资产原值数据，表4-11的计算期第8年开始，以"无项目"和"增量"的固定资产原值为基础，计算"增量"投产后的修理费和运行保险费。

④ 安全生产费　根据表4-12计算的"增量"二期项目的收入数据，表4-11的计算期第8年开始，以"无项目"和"增量"的收入为基础，计算"增量"投产后的安全生产费。

表 4-11 总成本费用估算表

序号	项目	\multicolumn{8}{c}{计算期}
		1	2	3	4	5	6	7	8	……
1	生产成本									
1.1	原材料费									
1.2	燃料动力费									
1.3	人员费用									
1.4	制造费用									
1.4.1	折旧费									
1.4.2	修理费									
1.4.3	其他制造费				无项目				无项目+增量	
2	管理费用									
2.1	摊销费									
2.2	运行保险费									
2.3	安全生产费									
2.4	其他管理费用									
3	财务费用									
4	营业费用									
5	总成本费用合计（1+2+3+4）									
6	经营成本（5−1.4.1−2.1−3）									

通过表 4-10 确定"增量"二期项目的生产经营数据后，表 4-12 当中从计算期第 8 年开始按照各期投产时间分项计算表 4-12 营业收入及税金，计算时应注意如下事项。

① 营业收入、增值税　根据表 4-10 计算期第 8 年及以后的生产经营数据，表 4-12 从计算期第 8 年开始，在"无项目"基础上增加"增量"投产后的气态和液态加工量，重新计算改扩建后项目整体的气化、液态服务价格、营业收入和对应的增值税。

② 投资进项税抵扣　"无项目"一期工程计算期第 4 年开始投产，其投资进项税开始抵扣；"增量"二期工程计算期第 8 年投产，其投资进项税和"无项目"待抵扣投资进项税一并进入抵扣。

表4-12 营业收入及税金估算表

序号	项目	计算期								
		1	2	3	4	5	6	7	8	……
1	营业收入									
1.1	气化服务收入									
1.1.1	加工量									
1.1.2	服务价格	无项目					无项目+增量			
1.2	液态服务收入									
1.2.1	加工量									
1.2.2	服务价格									
2	增值税									
2.1	销项税额	无项目					无项目+增量			
2.2	进项税额									
2.2.1	成本进项税									
2.2.2	投资进项税抵扣				无项目投资进项税开始抵扣		无项目待抵扣投资进项税		增量新增投资进项税开始抵扣,与无项目待抵扣投资进项税一并进入抵扣	无项目和增量的待抵扣进项税	
3	税金及附加				无项目				无项目+增量		

（6）确定"无项目""增量"和"有项目"的现金流量表

通过表4-7至表4-12的计算，本部分基本完成了在"无项目"一期工程基础上增加"增量"二期工程投产后的费用与效益计算，可编制"有项目"投资现金流量表（见表4-13），测算"增量"投产后项目整体的各项技术经济指标。

根据"费用与效益口径一致"的原则，改扩建项目财务评价的计算期一般取"有项目"的计算期。如果"无项目"的计算期短于"有项目"的计算期，可通过追加投资来维持"无项目"的计算期，延长其寿命至"有项目"的结束期，并于计算期末回收资产净值；若在经济或技术上延长寿命不可行，则适时终止"无项目"的计算期，其后各期现金流量为零。

"增量"现金流的计算，存在一个假设前提，若不上改扩建项目，"无项目"现金流将维持目前的水平不变。基于此假设前提，计算"增量"现金流可将改扩建后的"有项目"现金流减去改扩建前的"无项目"现金流，同时现金流必须保证在时间上的一致性，即必须用同一时间的现金流相减，以此测算"增量"的各项技术经济指标。

表4-13 项目投资现金流量表

序号	项目	计算期									计算期期末
		1	2	3	4	5	6	7	8	9~N	
1	现金流入										
1.1	营业收入（不含税）	无项目						无项目+增量			
1.2	增值税销项税										
1.3	补贴收入										
1.4	回收固定资产余值										计算期期末回收无项目和增量的资产余值
1.5	回收流动资金										计算期期末回收无项目和增量的流动资金
2	现金流出										
2.1	建设投资	无项目				增量					
2.2	流动资金					无项目			无项目+增量		
2.3	经营成本					无项目			无项目+增量		
2.4	成本进项税										
2.5	税金及附加										
2.6	增值税										
2.7	维持运营投资										
3	所得税前净现金流量（1-2）										
4	调整所得税					无项目			无项目+增量		
5	所得税后净现金流量（3-4）										

4.4 小结

结合"内在逻辑-案例分析-工作特点"的研究思路，本章依托LNG项目经济评价的案例分析，为读者系统展示了经济评价工作可视化的操作步骤。考虑到经济评价构成的复杂性，本章首先从收集财务评价的基础数据、编制资金规划与计划、计算和分析财务评价结果等基础步骤出发系统陈列了 LNG 项目经济评价的主要流程；其次，立足于投资与经济评价的内在逻辑，厘清了经济评价与投资决策研究、设计的关系；最后，结合经济评价的核心工作，围绕经济评价基础财务报表的顺序编制展示了不同附表，并明确了其基本构成及相互关系。

在此基础上，本章以某 LNG 接收站新建项目经济评价案例为切入点，完整展示了经济评价的具体操作细节，从而帮助读者实现从 0 到 1 的经济评价认识。另外，考虑到 LNG 接收站改扩建项目的特殊性，笔者结合实践操作经验，厘清了改扩建项目设计的数据类型及财务评价的注意事项，并通过案例分析向读者展示了具体操作流程及细节，以期为读者开展经济评价工作提供实践性指导，并希望为相关领域的理论研究和工作实践提供有效借鉴。

第 5 章
液化天然气项目主要技术经济指标

5.1　主要技术经济指标的一般性介绍
5.2　技术经济指标的基础构成
5.3　技术经济指标分类构建
5.4　技术经济指标体系的实际应用
5.5　小结

可行性研究阶段的项目技术经济评估工作是项目建设管理中的一项重要基础工作，对工程项目投资必要性、可行性和可能性起着决定性的作用。本章以LNG接收站为例，基于项目投资估算和经济评价要素构建了LNG项目主要技术经济指标体系，为项目决策提供科学、可靠的支持和依据。

5.1 主要技术经济指标的一般性介绍

构建并确定工程建设项目主要技术经济指标，不仅可以评估工程项目在建设期技术方案和投资方案的可行性，充分论证优化技术方案，合理控制建设投资成本，为工程项目技术经济决策提供科学的支持依据，也可以为工程项目在投产后的生产经营活动提供有效的经济效益的管理、指导和控制。

5.1.1 主要技术经济指标的适用项目及适用范围

（1）主要技术经济指标的适用项目

LNG接收站是LNG产业链中最重要的一环，也是我国天然气产供储销体系中最重要的基础设施之一，具有项目周期长、投资规模大等特点。现阶段国家正在大力推进储气基础设施的建设，科学有效地开展LNG接收站项目的投资评估工作，将能有效推动实现工程建设项目投资效益最大化的目标。

本书以LNG接收站项目为例，基于LNG项目的建设运营特点构建并应用LNG项目主要技术经济指标，综合反映了LNG接收站项目全过程的技术水平、管理水平和经济效果，为项目前期决策、运营管理提供了科学合理的决策依据。

（2）主要技术经济指标的适用范围

项目建议书及可行性研究是工程建设项目决策阶段的重要工作，也是确定方案优选和提高投资效果的重要环节。这一阶段的投资估算是项目资金筹措及制定建设贷款计划的依据，这一阶段经济评价所确定的财务指标也是项目能否立项的关键依据。因此，在项目建议书及可行性研究阶段通过主要技术经济指标对建设项目进行投资决策对比具有一定的必要性。

本书所构建的主要技术经济指标体系适用于LNG接收站新建及改扩建项目规划研究、可行性研究的投资及经济评价、参股项目投资分析报告、投资项目后评价报告、收并购项目可行性研究等的分析及论证，也为其他LNG储气项目、LNG加气站、LNG转运站等LNG基础设施建设提供了可供借鉴的主要技术经济指标计算方法。

5.1.2 主要技术经济指标构建的必要性

（1）满足运营主体投资决策科学化、精细化的需要

2020年"双碳"目标的提出刺激了我国对天然气等清洁能源需求的增加，国家鼓励各种所有制经济参与储气设施投资建设和运营，推进了能源企业加快建设储气设施的步伐。LNG接收站作为接收并存储LNG的重要基础设施，因其快速灵活、资源周转速度快、应急调峰能力强等特点而成为我国储气能力建设中的重要一环。然而LNG接收站建设是一项复杂的系统性工程，具有投资金额大、建设周期长、运营复杂等特性，激烈的市场经济竞争环境也对其投资管控精细化、资金使用高效化和建设低成本化提出了更高的要求。

（2）解决运营主体多样化下决策指标差异性问题

现阶段LNG接收站工程建设主体呈现多元化趋势，不同建设主体的同类建设项目甚至同一建设主体的不同项目也存在投资成本差异大、运营管理水平不一等现象，对LNG接收站项目的投资管理要求提出了挑战。此外，脱离建设规模、储气规模等技术参数而单纯从建设投资、储罐工程费、固定成本及运营成本等角度无法将同类型项目经济指标纳入同一基准进行精确对比。因此，亟须构建完整的LNG接收站技术经济指标，为企业投资建设LNG接收站等储气设施提供科学决策依据。

5.2 技术经济指标的基础构成

5.2.1 设计原则及思路

（1）设计原则

本指标体系围绕LNG接收站项目的工程建设特点，以提供企业投资决策支撑为目标，以现行的行业标准、设计规范和计价标准为依据，基于丰富的LNG接收站项目技术经济数据资料，通过技术与经济、投入与产出相结合的方法，遵循分清主次指标、突出效益引导、解析水平差异的原则，构建了LNG接收站主要技术经济指标。

(2）设计思路及数据来源

建设项目投资估算和经济评价是构成指标体系的重要前置条件，指标分析应该以项目可行性研究的投资估算和经济评价数据为基础。指标的构成要素均来源于LNG接收站项目投资估算和经济评价，其中LNG接收站项目的建设投资是一项关键要素，它是根据建设项目技术方案拟定的建设规模和工艺内容投入的资金，既与技术方案密切相关又是经济评价的重要输入条件。

本指标体系的设计思路为：基于LNG接收站项目的建设投资及商务运营模式对项目经济性进行评价分析，得出项目营利性等经济参数，并结合LNG接收站相关技术参数，总结形成了详尽覆盖LNG接收站项目各阶段投资决策关键点的指标体系。

（3）指标的阶段划分

LNG接收站建设项目以投产节点划分为建设期和运营期，在项目决策对比分析中，指标根据不同阶段的管理决策方向而有所侧重。由此，本指标体系根据LNG接收站的阶段划分分别形成建设期技术经济指标、运营期技术经济指标和综合指标。

具体为：以投资估算中的技术与经济构成要素为基础，形成接收站项目单位规模建设投资、储罐单位罐容工程费等指标，明确建设期阶段项目资金投入水平的对比基础。以经济评价中的投入与产出构成要素为基础，形成运营罐及配套设施加工费、营业收入利润率等指标，明确了运营期阶段项目营利性的对比基础。

5.2.2 建设期技术经济指标形成基础

（1）指标形成来源

建设期指标侧重衡量项目投产前项目资金的投入水平差异，指标构成与LNG接收站的项目规模、工艺方案、技术参数、投资结构分类密切相关。LNG接收站建设项目作为一项资金密集、投资回收期长、运营风险性较高的系统性工程，其总投资是评估项目投资水平和立项决策的重要依据，而工艺方案和技术参数则决定了LNG接收站建设项目的总投资规模。其中，站区地质条件、设计规模、储罐容量、外输能力等是与LNG接收站项目规模和工艺方案密切相关的技术要素。

（2）投资结构的划分

在评估项目可行性时，投资估算是研究、分析和计算项目投资经济效果的重要条件，对LNG接收站项目进行投资结构划分也将能进一步明确LNG接收站项目各系统性工程的投资规模。在LNG接收站建设项目的投资结构组成中，建设投资是项目决策的主要经济指标，占项目总投资的90%以上，是影响LNG接收站项目总投资的重要部分。

结合LNG接收站工艺特点和工程项目计价标准划分，LNG接收站项目建设投资主要由码头工程建设投资、接收站工程建设投资、固定资产其他费、无形资产费、其他资产费和预备费等六部分构成。根据LNG接收站的站内工艺特点，LNG储罐罐容及数量、工艺设施规模、配套设施规模等是影响接收站工程建设投资的主要因素，由此LNG接收站建设投资又可细分为储罐系统工程费、接收站系统工程费、场外工程费、服务性工程费和其他工程费等。

5.2.3　运营期技术经济指标形成基础

运营期指标侧重衡量项目投产后营运能力水平高低，该类指标主要来源于建设项目经济评价的财务指标，指标构成与LNG接收站运营期的营业收入、燃料等生产要素支出密切相关。LNG接收站项目经济评价基于投入产出分析方法，围绕LNG接收站的运营特点，以所投入的资金、人力、原材料等生产要素消耗为支出，以营业收入或产品价格为收入，评价LNG在接收站内接收、存储和外输等全过程的收入与支出之间的经济量化比较。

其中，LNG接收站项目的收入要素取决于其商务运营模式，现阶段国内主要以代加工模式和总买总卖模式为主：代加工模式的营业收入为LNG加工量乘以单位加工总费用，单位加工总费用构成包括加工成本及相应的税费和利润；总买总卖模式的营业收入即为LNG的销售收入，其销售单价构成包括原材料成本、加工成本及相应的税费和利润等。

5.3　技术经济指标分类构建

LNG接收站技术经济指标是反映LNG接收站项目中对资金投入、资源投入和接收站利用情况的指标，综合反映了LNG接收站项目在建设和运营过程中的技术水平、管理水平和经济效果，其贯穿于LNG接收站建设与运营阶段的全过程，为项目前期决策、运营管理提供了科学合理的决策依据。

LNG接收站主要技术经济指标依据不同阶段的管理决策重点，可分为建设期、运营期和综合指标三大体系共计21项指标。

5.3.1　基于投资效益构建建设期主要技术经济指标

　　LNG接收站项目中设计规模、LNG接收站能力、储罐罐容以及外输设施能力是评价LNG接收站项目规模的重要参数，也是评价项目建设期投资水平的重要对照依据。一般情况下，同类建设项目规模与其投资水平呈正相关关系，项目建设规模越大，投资总额也随之增加。但在市场经济环境中，投资决策追求效率至上，对建设项目投资水平精细化、低成本的要求越来越高，由此需联动建立建设规模与建设投资之间的相对指标以考察LNG接收站项目整体甚至站内单项工程的投资水平，同时也便于不同接收站项目投资水平的同口径对比。

　　建设期主要技术经济指标依据LNG接收站项目工艺系统构成特点划分为项目整体、码头工程、储罐工程和接收站系统工程等四大类。在此基础上结合工程建设项目计价标准，以建设投资、工程费两大投资类别将指标细分为7项具体指标，通过技术指标与经济指标的联动构建，考察各系统主体单位规模下的投资效率。建设期主要技术经济指标如图5-1所示。

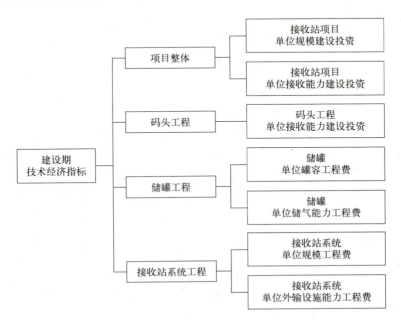

图5-1　建设期主要技术经济指标

(1) 接收站项目单位规模建设投资

该指标是反映单位设计规模下接收站项目建设投资水平高低的一项指标，本指标决策遵循就低原则，以"元/t"为计算单位，计算公式为：

$$TDI = \frac{TI}{DS}$$

式中　TDI——接收站项目单位规模建设投资（不含税），元/t；
　　　TI——接收站项目建设投资（不含税），元；
　　　DS——设计规模，t。

示例：

某已建LNG接收站项目A的建设投资为40000万元，设计规模为300万t/a，某待建LNG接收站项目B的建设投资为60000万元，设计规模为500万t/a。在做投资决策过程中，两项目对比指标"接收站项目单位规模建设投资"，A项目接收站项目单位规模建设投资为133.33元/t，B项目接收站项目单位规模建设投资为120元/t。由此可得，虽然B项目建设投资高于A项目，但B项目接收站项目单位规模建设投资低于A项目，表明B项目在单位设计规模下接收站项目的建设投资水平较低，相较于A项目具有投资优势。

(2) 接收站项目单位接收能力建设投资

该指标是反映单位LNG接收站能力下接收站项目建设投资水平高低的一项指标，以"元/t"为计算单位，重点考察LNG接收站设备和设施处理LNG及相关产品的年最大量的单位投资规模大小，计算公式为：

$$TCI = \frac{TI}{TC}$$

式中　TCI——接收站项目单位接收能力建设投资（不含税），元/t；
　　　TI——接收站项目建设投资（不含税），元；
　　　TC——LNG年接收站能力，t。

示例：

某已建LNG接收站项目A的建设投资为448000万元，LNG接收站能力为600万t/a，某待建LNG接收站项目B的建设投资为717290万元，LNG接收站能力为724万t/a。在做投资决策过程中，两项目对比指标"接收站项目单位接收能力建设投资"，A项目接收站项目单位接收能力建设投资为746.6元/t，B项目接收站项目单位接收能力建设投资为990.7元/t。由此可得，虽然B项目建设投资高于A项目，但B项目接收站项目单位接收能力建设投资低于A项目，表明B项目在单位LNG接收站能力下的建设投资水平较低，相较于A项目具有投资优势。

（3）码头工程单位接收能力建设投资

码头接收能力是指LNG接收站码头所有泊位通过LNG船舶接收LNG的年最大量，该指标是反映单位码头接收能力下码头工程建设投资水平高低的一项指标，以"元/t"为计算单位，计算公式为：

$$JCI = \frac{JI}{JC}$$

式中　JCI ——码头工程单位接收能力建设投资（不含税），元/t；

　　　JI ——码头工程建设投资（不含税），元；

　　　JC ——码头年接收能力，t。

示例：

某已建LNG接收站项目A的码头工程建设投资为40000万元，码头接收能力为350万t/a，某待建LNG接收站项目B的码头工程建设投资为60000万元，码头接收能力为500万t/a。在做投资决策过程中，两项目对比指标"码头工程单位接收能力建设投资"，A项目码头工程单位接收能力建设投资为114.3元/t，B项目码头工程单位接收能力建设投资为120元/t。由此可得，虽然B项目码头工程建设投资高于A项目，但B项目码头工程单位接收能力建设投资低于A项目，表明B项目在码头工程单位接收能力建设投资下的建设投资水平较低，相较于A项目具有投资优势。

（4）储罐单位罐容工程费

该指标是反映储罐单位罐容下工程费水平高低的一项指标，以"元/m³"为计算单位，计算公式为：

$$TKEV = \frac{TKE}{TKV}$$

式中　TKEV ——储罐单位罐容工程费（不含税），元/m³；

　　　TKE ——储罐工程费（不含税），元；

　　　TKV ——储罐罐容（以水体积计），m³。

注：储罐工程费包括储罐本体（含罐内低压泵、承台，不含桩基）、桩基、罐外配套（含储罐罐顶独立使用的仪控、管道、电气、给排水及消防、电信专业工程量）、罐区连接管道、安全生产费，不含配套公用工程设施。其使用应依托LNG接收站项目、码头及气化外输设施等进行接卸、气化及外输。

该项经济指标所指的储罐是储存LNG的专业产品，属于常压低温大型储罐的一种特种设备，通常为平底双壁圆柱形，其常见结构有立式LNG储罐、卧式LNG储罐、立式子母罐和常压储罐等，现阶段国内主流接收站的LNG储罐为混凝土全容罐和薄膜型全容罐。储罐工程是LNG接收站内的核心工程，在接收站工程整体工程费中占40%~50%，现阶段国内已投产的LNG储罐的主流罐容为16万 m^3、20万 m^3、22万 m^3 和27万 m^3。储罐罐容不同直接导致不同项目的储罐工程费水平存在差异，储罐单位罐容工程费可将不同罐容储罐投资纳入同一基准进行对比，指标具有科学性、合理性，已经成为考察同类接收站项目工程造价对比的重要指标之一。

示例一：

某已建LNG接收站项目A共建设4座22万 m^3 储罐，不含税储罐工程费为232000万元，某待建LNG接收站项目B共建设5座22万 m^3 储罐，不含税储罐工程费为282500万元。在做投资决策过程中，两项目对比指标"储罐单位罐容工程费"，A项目储罐总罐容为88万 m^3，储罐单位罐容工程费约为2636元/m^3，B项目储罐总罐容为110万 m^3，储罐单位罐容工程费约为2568.19元/m^3，在项目其他同等条件下，两项目储罐罐容相同但储罐个数不同，A项目与B项目对比"储罐单位罐容工程费"偏高，即在储罐罐容相同但个数不一的情况下，对比储罐单位罐容工程费，可有效确定本项目储罐工程费用是否有下降空间。

示例二：

某已建LNG接收站项目A共建设4座22万 m^3 储罐，不含税储罐工程费为232000万元，某待建LNG接收站项目B共建设3座27万 m^3 储罐，不含税储罐工程费为189000万元。在做投资决策过程中，两项目对比指标"储罐单位罐容工程费"，A项目储罐总罐容为88万 m^3，储罐单位罐容工程费约为2636元/m^3，B项目储罐总罐容为81万 m^3，储罐单位罐容工程费约为2333元/m^3，A项目储罐单位罐容工程费高于B项目，项目其他同等条件下B项目更具有投资价值。A项目与B项目对比，储罐个数与储罐罐容均不相同，通过"储罐单位罐容工程费"将不同设计口径下的工程项目纳入同一投资对比指标中将能有效提高投资决策科学性。

（5）储罐单位储气能力工程费

该指标是反映单位储气能力下储罐工程费水平高低的一项指标，以"元/m^3"为计算单位，计算公式为：

$$TKCE = \frac{TKE}{TKC}$$

式中　TKCE——储罐单位储气能力工程费（不含税），元/m^3；

TKE ——储罐工程费（不含税），元；

TKC ——储罐年储气能力，m³。

根据国家产供储销体系建设要求，LNG储罐基于经营性质划分了运营罐、储备罐和调峰罐三种类型：运营罐是根据接收站设计规模设计的、专用于LNG接收站运营主体经营的储罐；储备罐是指依储备及储气能力建设需要及库容出租等建设的储罐；调峰罐是指专用于市场调峰的储罐。储气能力指LNG接收站全部储罐总有效罐容，按热值、密度和气化率标准换算为气态天然气。

示例一：

根据常规计算，16万 m³ LNG储罐可存储10000万 m³ 天然气，某已建LNG接收站项目A共建设4座22万 m³ 储罐，不含税储罐工程费为232000万元，某待建LNG接收站项目B共建设5座22万 m³ 储罐，不含税储罐工程费为282500万元。在投资决策过程中，两项目对比指标为"储罐单位储气能力工程费"，经换算A项目储罐总储气能力为55000万 m³，储罐单位罐容工程费约为4.2182元/m³，B项目储罐总储气能力为68750万 m³，储罐单位罐容工程费约为4.1091元/m³，在项目其他同等条件下，A项目比B项目的"储罐单位储气能力工程费"偏高，B项目更具有投资效益。

示例二：

根据常规计算，16万 m³ LNG储罐可存储10000万 m³ 天然气，某已建LNG接收站项目A共建设4座22万 m³ 储罐，不含税储罐工程费为232000万元，某待建LNG接收站项目B共建设3座27万 m³ 储罐，不含税储罐工程费为189000万元。在投资决策过程中，两项目对比指标为"储罐单位储气能力工程费"，A项目储罐总储气能力为55000万 m³，储罐单位储气能力工程费约为4.2182元/m³，B项目储罐总储气能力为50625万 m³，储罐单位储气能力工程费约为3.733元/m³。A项目与B项目对比，储罐个数与储罐罐容均不相同，A项目储罐单位储气能力工程费显著高于B项目，项目其他同等条件下B项目更具有投资价值，通过"储罐单位储气能力工程费"将不同设计口径下的工程项目纳入同一投资对比指标中将能有效提高投资决策科学性。

（6）接收站系统单位规模工程费

该指标是反映接收站内各系统在单位设计规模下工程费水平高低的一项指标，以"元/t"为计算单位，计算公式为：

$$\mathrm{TSEM} = \frac{\mathrm{TSE}}{\mathrm{DS}}$$

式中　TSEM ——接收站系统单位规模工程费（不含税），元/t；

TSE ——接收站系统工程费（不含税），元；

DS ——年设计规模，t。

除LNG储罐外，LNG接收站内还有LNG罐区、LNG卸料及返输系统、LNG计量系统、LNG外输系统、LNG气化系统、接收站管廊、BOG处理系统、槽车装车系统、站区公用设施、海水系统、淡水系统、消防站、污水处理系统、空压制氮系统、燃油系统、燃料气系统、给排水及消防、总图、动力及控制区域、全厂电信、场平及地基处理、供暖系统、火炬系统、中央控制室及化验室、维修车间、综合仓库、安全卫生等27项配套设施系统用于LNG气化、计量、运输等工艺操作。接收站系统单位规模工程费将能从横向、纵向两个层面衡量同一项目中各工艺系统的投资水平高低，也能考察不同项目间各工艺系统的投资水平差异。

示例一：

某已建LNG接收站项目A设计规模为300万t/a，接收站系统工程费为94722万元；某待建LNG接收站项目B设计规模为300万t/a，接收站系统工程费为151440万元。在投资决策过程中，两项目对比指标为"接收站系统单位规模工程费"，A项目"接收站系统单位规模工程费"约为316元/t，B项目"接收站系统单位规模工程费"约为505元/t。两个项目在设计规模相同的情况下，B项目接收站系统单位规模工程费高于A项目，A项目更具有投资价值。

示例二：

某已建LNG接收站项目A设计规模为300万t/a，接收站系统工程费为151440万元；某待建LNG接收站项目B设计规模为600万t/a，接收站系统工程费为213042万元。在投资决策过程中，两项目对比指标为"接收站系统单位规模工程费"，A项目"接收站系统单位规模工程费"约为505元/t，B项目"接收站系统单位规模工程费"约为355元/t。A项目设计规模明显小于B项目，但两项目对比"接收站系统单位规模工程费"，A项目高于B项目，说明A项目的接收站系统工程费造价偏高，具有进一步下降的空间。

（7）接收站系统单位外输设施能力工程费

该指标是反映接收站系统在单位外输设施能力下工程费水平高低的一项指标，以"元/t"为计算单位，计算公式为：

$$TSEO = \frac{TSE}{OFC}$$

式中 TSEO ——接收站系统单位外输设施能力工程费（不含税），元/t；

TSE ——接收站系统工程费（不含税），元；

OFC ——年外输设施能力，t。

LNG 接收站系统外输设施能力是指 LNG 接收站气态管输设施、液态装车设施及其他外输设施的总年处理能力。气态管输设施能力包含 LNG 低压输送泵、高压输送泵、气化器等用于加压、气化的设备和相关管道在内的 LNG 接收站气态生产设施，以及与 LNG 接收站相连的配套输气管道的年最大外输量。液态装车设施能力包含 LNG 低压输送泵（或专用装车泵）、装车等用于装载槽车的设备和相关管道在内的 LNG 接收站液态装车系统的年最大外输量。其他外输设施能力除气态管输设施和液态装车设施外，包含 LNG 装船、LNG 罐箱外运、压缩天然气外输等设施在内的所有其他类型外输设施的年最大外输量。

示例：

某已建 LNG 接收站项目 A 接收站系统工程费为 246161 万元，某待建 LNG 接收站项目 B 的接收站系统工程费为 213043 万元，LNG 接收站外输设施能力根据中华人民共和国石油天然气行业《液化天然气接收站能力核定方法》（SY/T 7434—2018）的相关标准计算，A 项目外输设施能力为 1043 万 t/a，B 项目外输设施能力为 944 万 t/a，在投资决策过程中，两项目对比指标为"接收站系统单位外输设施能力工程费"，A 项目"接收站系统单位外输设施能力工程费"约为 236 元/t，B 项目"接收站系统单位外输设施能力工程费"约为 226 元/t。A 项目和 B 项目接收站系统工程费与外输设施能力均不相同，A 项目接收站系统单位外输设施能力工程费高于 B 项目，说明 A 项目的接收站系统工程费还有进一步投资优化的空间。

5.3.2　基于投入效率构建运营期主要技术经济指标

LNG 接收站在运营期阶段的主要技术经济指标来源于项目投入运营后在资金、人力、原材料、动力等生产要素的投入，不同商务运营模式下的盈利收入，以及两者之间的经济性比较。

基于指标的精细化管理侧重点不同，将运营期主要技术经济指标分为三个层次：成本指标、能耗指标和经营指标，见图 5-2。通过对上述指标在同类型项目中的同向对比可有效评价 LNG 接收站在运营阶段的经营效率，从而为经营者提供改善管理方式的决策支持。

（1）成本指标

成本指标有单位产量总成本和单位产量经营成本。LNG 接收站总成本和经营成

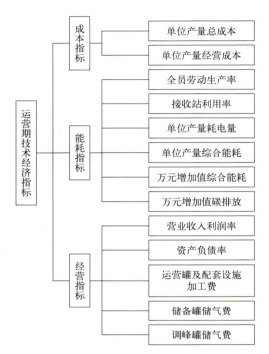

图 5-2　运营期主要技术经济指标

本依接收站设计、运营规模不同而存在一定差异，将单位设计规模下平均耗费的总成本和经营成本与其他同类项目相比较，能够直观考量 LNG 接收站项目间的成本差异，也能客观反映运营单位的成本管理水平和生产管理水平。

基于 LNG 接收站项目的工艺及运营特点，总成本费用采用"生产成本加期间费用"法估算，由生产成本期间费用构成。生产成本涵盖 LNG 接收站生产运营期间的所有原材料费、辅助材料费、燃料和动力费、人员直接工资、其他直接支出和制造费用等等。期间费用包含在 LNG 接收站运营期所产生的管理费用、财务费用和营业费用等。经营成本为总成本费用扣除折旧费、摊销费和财务费用后的成本。以下是成本类指标的核算公式。

① 单位产量总成本　该指标是 LNG 接收站在单位设计规模下平均总成本消耗的费用，反映了 LNG 接收站生产水平、技术装备和管理水平高低，以"元/m³"为计算单位，应按以下公式核算：

$$TJQ = \frac{TC}{DS}$$

式中　TJQ——单位产量总成本（不含税），元/m³；
　　　TC——总成本（不含税），元；
　　　DS——年设计规模，m³。

示例：

某已建LNG接收站项目A通过经济评价测算，总成本为133620万元，设计规模为840000万m³/a，某待建LNG接收站项目B通过经济评价测算，总成本为85020万元，年设计规模为987000万m³。在投资决策过程中，两项目对比指标为"单位产量总成本"，A项目单位产量总成本为0.16元/m³，B项目单位产量总成本为0.09元/m³，表明B项目在单位设计规模下的总成本水平较低，B项目相较于A项目在运营期更具有低成本营运优势。

② 单位产量经营成本　该指标是LNG接收站在单位设计规模下平均经营成本消耗的费用，重点反映了LNG接收站在营运期经营管理水平高低，以"元/m³"为计算单位，应按以下公式核算：

$$OPJQ = \frac{OPEX}{DS}$$

式中　OPJQ——单位产量经营成本（不含税），元/m³；
　　　OPEX——经营成本（不含税），元；
　　　DS——年设计规模，m³。

示例：

某已建LNG接收站项目A通过经济评价测算，经营成本为62288万元，年设计规模为840000万m³，某待建LNG接收站项目B通过经济评价测算，经营成本为45936万元，年设计规模为987000万m³。在投资决策过程中，两项目对比指标为"单位产量经营成本"，A项目单位产量经营成本为0.07元/m³，B项目单位产量经营成本为0.05元/m³，表明B项目在单位设计规模下的经营成本水平较低，B项目相较于A项目在运营期更具有低成本营运优势。

（2）能耗指标

能耗指标有全员劳动生产率、接收站利用率、单位产量耗电量、单位产量综合能耗、万元增加值综合能耗和万元增加值碳排放等6项指标。通过对能耗指标进行对标分析，能帮助LNG接收站运营主体衡量不同LNG接收站项目的资源利用效率，也能有效促进其对标先进项目来提高自身能效水平。

能耗指标是衡量LNG接收站项目在节能、经济、能源市场竞争力方面的综合效益指标，尤其在"双碳"目标提出后，社会对能源企业的生产行为提出更高要求，万元增加值碳排放将成为企业在经营阶段的重要考核指标之一。LNG接收站运营期间的主要能耗是电、水、燃料气和一些化学制剂等，成本约占整个接收站项目的40%。

① 全员劳动生产率应按以下公式核算：

$$LVA=\frac{IVA}{PL}$$

式中　LVA——全员劳动生产率，万元/人；

　　　IVA——工业增加值，万元；

　　　PL——项目定员，人。

② 接收站利用率应按以下公式核算：

$$RTDC=\frac{DS}{RTC}\times 100\%$$

式中　RTDC——接收站利用率，%；

　　　DS——设计规模，t/a；

　　　RTC——LNG接收站能力，t/a。

示例：

某已建LNG接收站项目A设计规模为300万t/a，LNG接收站能力为600万t/a，A项目接收站利用率为50%；某待建LNG接收站项目B设计规模为600万t/a，LNG接收站能力为724万t/a，B项目接收站利用率约为83%。

通过查找相关资料，近年来我国LNG接收站整体利用率在50%～70%之间，通过对比"接收站利用率"指标，可有效评估待建项目的利用率水平与行业平均利用率水平的差异，同时也可通过"接收站利用率"指标反向测算LNG接收站设计接收能力缺口。

③ 单位产量耗电量应按以下公式核算：

$$EJQ=\frac{EQ}{JQ}$$

式中　EJQ——单位产量耗电量，kW·h/t；

　　　EQ——耗电量，kW·h；

　　　JQ——年加工量，t。

注：耗电量为LNG接收站项目总用电量，包括生产及生活用电。

④ 单位产量综合能耗应按以下公式核算（综合能耗应符合GB/T 2589—2020《综合能耗计算通则》相应部分的规定）：

$$\text{UPSEC} = \frac{\text{SEC}}{\text{JQ}}$$

式中　UPSEC——单位产量综合能耗，kgce❶/t；

　　　SEC——综合能耗，kgce；

　　　JQ——年加工量，t。

注：综合能耗包括LNG接收站项目生产生活用水、用电、燃料气、氮气等的消耗。

⑤ 万元增加值综合能耗应按以下公式核算：

$$\text{SEVA} = \frac{\text{SEC}}{\text{IVA}}$$

式中　SEVA——万元增加值综合能耗，tce❷/万元；

　　　SEC——综合能耗，tce；

　　　IVA——工业增加值，万元。

⑥ 万元增加值碳排放应按以下公式核算：

$$\text{CEVA} = \frac{\text{CE}}{\text{IVA}}$$

式中　CEVA——万元增加值碳排放，tCO_2/万元；

　　　CE——碳排放量，tCO_2；

　　　IVA——工业增加值，万元。

（3）经营指标

经营指标有营业收入利润率、资产负债率、运营罐及配套设施加工费、储备罐储气费和调峰罐储气费。除了营业收入利润率和资产负债率等一般财务指标外，根据商务运营模式特点而定的LNG加工费和储气费是衡量LNG接收站项目能否盈利的关键指标，也是接收站经营主体是否具有市场竞争力的重要标志。

现阶段LNG接收站的主流商业模式是代加工，天然气贸易企业通过接收站对进口LNG进行包括码头接卸、存储、气化外输或槽车液态外输等的代加工贸易，向购销企业收取一定的加工费，加工费通常按实际用量结算的一部制❸计算方法，按项目

---

❶ 1kgce（千克标准煤）=7000kcal ≈ 29307.6kJ。

❷ 1tce（吨标准煤）=7×10^6kcal ≈ 2.9×10^7kJ。

❸ "一部制""两部制"是我国的一种定价模式，目前广泛应用于电力行业，天然气行业则主要应用在燃气领域，目前河南省仅储气方面明确了两部制定价的说法，具体的概念解释可参考期刊论文《LNG储气设施建设运营管理体制与定价机制研究——基于"拼团"管理与"两部制"定价的分析》。

全投资内部收益率确定单价。然而国家出台产供储销政策体系后，接收站供给侧发生变化，原有代加工模式会大幅提升加工服务单价并传导至终端价格，从而弱化企业的价格竞争力。为破解LNG接收站在战略储备和应急调峰方面的投资回报机制难题，经营主体将接收站最核心的单体储罐划分为储备罐、运营罐两种类型，采用两部制定价原则既落实储气能力建设要求又保障投资回收。

① 营业收入利润率　该指标是LNG接收站的营业利润与营业收入的比例，重点反映了LNG接收站在营运期的经营效率，应按以下公式核算：

$$OPI = \frac{OP}{OI} \times 100\%$$

式中　OPI——营业收入利润率；

　　　OP——营业利润（不含税），元；

　　　OI——营业收入（不含税），元。

示例：

某已建LNG接收站项目A的营业利润为1573999万元，营业收入为3565717万元，某待建LNG接收站项目B的营业利润为1967499万元，营业收入为3387431万元。在投资决策过程中，两项目对比指标为"营业收入利润率"，A项目营业收入利润率为44%，B项目营业收入利润率为58%，表明B项目的营业收入利润率更好，若已建项目A在实际运营中已获取较好的利润水平，则建设B项目的发展潜力较大，盈利能力较强，将会给企业带来更强的市场竞争力。

② 资产负债率　该指标是LNG接收站负债总额对资产总额的比率，是衡量LNG接收站财务健康状况及风险程度的一项指标，应按以下公式核算：

$$LOAR = \frac{TL}{TA} \times 100\%$$

式中　LOAR——资产负债率；

　　　TL——期末负债总额，元；

　　　TA——期末资产总额，元。

资产负债率对处于不同行业、地区的企业或项目是有差异的，各项目因实际情况及不同利益主体而具有不同的衡量标准，难以简单地用资产负债率高低来判断项目债务的优劣情况，资产负债率过高则表明企业财务风险太大，而过低又表明企业对财务杠杆利用不够，一般情况下其合适比率水平在40%～60%之间。因此在应用该项指标时一般不进行项目之间的双向对比，LNG接收站项目在投产初期的资产负债率一般较高，并随债务资金的偿还逐年降低。

③ 运营罐及配套设施加工费　应按以下公式核算：

$$\sum_{t=1}^{n}(\mathrm{JQ}\times\mathrm{OUF}-\mathrm{CO})_{t}(1+i)^{-t}=0$$

式中　　JQ——年加工量，m^3；

　　　　OUF——运营罐单位加工费（不含税），元/m^3；

　　　　CO——现金流出量，元；

　　　　i——折现率；

　　　　t——第t年；

　　　　n——项目计算期，a。

截至2022年底，中国已投运的LNG接收站主要是代加工的经营模式，向接收站运营主体所属公司或第三方企业提供加工服务，收取气化加工费，是LNG接收站主要的营业收入之一，也是接收站市场竞争力的重要体现。经相关资料统计，我国当前进口LNG接收站气化加工服务费价格在0.18～0.359元/m^3范围内[1]。随着天然气价格市场化的推进，2022年5月国家发展改革委发布《关于完善进口液化天然气接收站气化服务定价机制的指导意见》明确气化服务价格由政府定价转为政府指导价，实行最高上限价格管理。如广东省发改委印发《关于省内进口液化天然气接收站气化服务价格有关问题的通知》提出新投产的接收站气化服务费不得高于已投产接收站气化服务价格。由此采用"运营罐及配套设施加工费"指标将待建接收站项目与已投运接收站项目的加工费做比较，将能有效评估待建接收站项目未来的市场竞争力水平。

④ 储备罐储气费　为满足储气能力指标建设的LNG储备罐项目，按接收站基准收益率测算储气费，或者按既定的储气费水平测算内部收益率，按以下公式核算：

$$\sum_{t=1}^{n}[(\mathrm{SGC}\times T)\times\mathrm{SUF}-\mathrm{CO}]_{t}(1+i)^{-t}=0$$

式中　　SGC——储备罐储气能力，m^3；

　　　　T——年周转次数，次；

　　　　SUF——储备罐单位储气费（不含税），元/m^3；

　　　　CO——现金流出量，元；

---

[1] 何谐，郭锋，张鑫. 关于LNG接收站气化服务成本监审政策的影响分析及建议[J]. 城市燃气，2023(04).

t —— 第 t 年；

i —— 折现率；

n —— 项目计算期，a。

⑤ 调峰罐储气费 应按以下公式核算：

$$\sum_{t=1}^{n}[(\text{RGC}\times T)\times\text{RUF}-\text{CO}]_{t}(1+i)^{-t}=0$$

式中 RGC —— 调峰罐储气能力，m^3；

T —— 年周转次数，次；

RUF —— 调峰罐单位储气费（不含税），元/m^3；

CO —— 现金流出量，元；

i —— 折现率；

t —— 第 t 年；

n —— 项目计算期，a。

5.3.3 综合指标

内部收益率是充分考虑时间价值的一项财务指标，指项目在计算期内各年净现金流量现值累计等于零时的折现率，是衡量LNG接收站项目是否具有投资价值的重要指标，也对标行业内同类项目收益率水平的衡量标准。

内部收益率（IRR）是指项目在计算期内各年净现金流量现值累计等于零时的折现率，按以下公式核算：

$$\sum_{t=1}^{n}(\text{CI}-\text{CO})_{t}(1+\text{IRR})^{-t}=0$$

式中 CI —— 现金流入量，万元；

CO —— 现金流出量，万元；

$(\text{CI}-\text{CO})_{t}$ —— 第 t 期的净现金流量，万元；

n —— 项目计算期，a。

国内LNG接收站建设单位主要集中在中国石油、中国石化、中国海油、新奥燃气和北京燃气等大型能源企业领域内，不同企业因其期望报酬水平和风险承受能力差异而对LNG接收站建设的内部收益率规定不同，主要集中在6%~8%之间。

5.4 技术经济指标体系的实际应用

5.4.1 指标对比方法

本研究所构建的指标体系支持 LNG 接收站运营主体将在建项目与已建项目或其他运营主体同类项目做同向对比。借助技术经济指标对不同的 LNG 接收站项目的工程技术方案和经济效益进行差异化的分析、比较和评价，确定既能满足项目技术需求又能实现项目经济效益最大化的最佳关系参数，使设计方案实现技术上的先进性和经济上的合理性的有机统一，从而为项目投资者提供科学化的决策依据。

5.4.2 指标对比原则

指标对比应遵循以下三个原则：

① 可比性原则　项目之间应选取相同指标进行对比，不同指标之间不具可比性。

② 就低原则　确定项目是否具备可行性，除营业收入利润率、资产负债率、接收站利用率、全员劳动生产率、内部收益率、运营罐及配套设施加工费、储气罐加工费和调峰罐加工费等 8 项指标外，其他（与投资、成本或能耗相关）指标的对比一般优先考虑数值较低的投资项目，如同类项目储罐单位罐容工程费较低的项目优先考虑等等。

③ 综合性原则　指标的定量化对比并非决定项目立项的唯一标准，实际决策中还需定性与定量分析相结合，综合考虑项目的社会效益或企业战略效益等等。

5.4.3 关键指标确定

为提高项目决策效率并综合考虑项目实际，本指标体系遵循分清主次指标原则，建议 LNG 接收站建设项目以单位规模建设投资、储罐单位容积工程费、单位产量经营成本和内部收益率 4 项指标为主要指标，在实际决策中重点采纳上述指标衡量与比较 LNG 接收站投资项目的可行性。

5.4.4 指标应用示例

某集团接收站运营管理公司于 2018 年建设一座设计规模为 300 万 t/a 的 LNG 接收

站并于 2021 年已投产运营，2022 年 A 项目接收站所在地区天然气市场需求扩大，公司计划在 A 项目的基础上扩建 LNG 接收站项目 B，设计规模同样为 300 万 t/a，通过项目建议书或可行性研究报告中的投资估算和经济评价数据计算相应指标，得出 B 项目的接收站单位规模建设投资为 1493 元/t、储罐单位容积工程费为 2190 元/m^3、单位产量经营成本为 0.07 元/m^3、内部收益率为 9.2%；而 A 项目接收站单位规模建设投资为 1751 元/t、储罐单位容积工程费为 2010 元/m^3、单位产量经营成本为 0.08 元/m^3、内部收益率为 8.3%；通过与既有 A 项目对比，扩建的 B 项目的接收站单位规模建设投资、单位产量经营成本及内部收益率均优于 A 项目，说明扩建项目 B 技术及经济方案合理，项目切实可行。同时对比储罐单位容积工程费可得，B 项目该项指标高于 A 项目，表明储罐工程费还有进一步优化调整的空间。综上所述，利用 LNG 项目主要技术经济指标体系将能为 LNG 项目工程建设前期决策提供科学、合理的投资建议。

5.5 小结

  LNG 接收站项目是一项复杂工程，在可行性研究前期决策、建设期费用控制和运营期经营管理等方面均需要考核相应技术经济指标来综合进行决策分析。LNG 接收站主要技术经济指标对支撑 LNG 接收站项目在建设期、运营期的投资运营决策具有很好的科学性和可行性，关注储罐单位罐容工程费、加工费、储气费等关键指标将能有效衡量 LNG 接收站项目的投资控制水平及盈利性水平，已经成为 LNG 接收站经营主体关注的重点。

  随着国家或运营主体对 LNG 接收站投资管控要求的提高以及市场经济下 LNG 项目运营方式的转型变化，LNG 接收站主要技术经济指标也将不断进行调整更新，更加科学地为决策者提供决策支持。

附　录

附录 1　液化天然气项目经济评价相关词汇
附录 2　辅助财务报表
附录 3　财务评价报表
附录 4　敏感性分析
附录 5　液化天然气项目主要技术经济指标表
附录 6　LNG 接收站项目建设投资构成表
附录 7　LNG 接收站项目经济评价附表

附录1　液化天然气项目经济评价相关词汇

1. 项目计算期

经济评价中为进行动态分析所设定的期限，包括基准年、建设期、运营期和评价计算期等主要时间段。

基准年指项目投资和成本估算基础价格的年份，一般为项目正式开工的第一年或者前一年，依具体项目而定。

建设期指项目正式开工到建成投产所需要的时间。

运营期指项目投产到项目经济寿命结束的持续时间，分为投产期和达产期两个阶段。投产期指项目投入生产，但生产能力尚未完全达到设计能力时的过渡阶段；达产期指生产运营达到设计预期水平后的时间。

评价计算期一般情况为建设期和运营期。

2. 项目总投资

自项目前期工作开始到项目全部建成投产或达产所需投入的资金总额。

3. 建设期利息

筹措债务资金时在建设期内发生并按规定允许在投产后计入固定资产原值的利息，即资本化利息。其包括银行借款和其他债务资金的利息，以及其他融资费用。

4. 流动资金

运营期内长期占用并周转使用的营运资金，不包括运营中需要的临时性营运资金。流动资金的估算基础是经营成本和商业信用等，其计算应符合要求。

5. 总成本费用

在运营期内为生产产品或提供服务所发生的全部费用，等于经营成本与折旧费、摊销费和财务费用之和。

6. 直接工资

企业为获得职工提供的服务而给予各种形式的报酬，包括职工工资、奖金、津贴和补贴以及职工福利费。

7. 制造费用

企业生产单位在生产运营期发生的各项间接费用。

8. 固定成本

不随产量变化的成本。

9. 可变成本

随产量变化的成本。

10. 外购材料

外购材料包括生产原材料和辅助材料，生产原材料是进生产装置的原料，辅助材料是生产过程中发生的各项消耗材料和能源。

11. FOB

即装运港船上交货价格，又称离岸价。以此价格成交时，买卖双方签订离岸交货合同，卖方在合同规定的装运期内在装运港将货物交至买方指定的船上，并负责货物越过船舷为止的一切费用和承担货物灭失或损坏的风险。

① 卖方的主要义务如下：

自负风险和费用，取得货物出口许可证和其他官方核准书，办理货物出口所需的海关手续。

负责在合同规定的日期和期间，在指定装运港，将合同规定的货物按港口惯常方式交至买方指定的船上，并给予买方充分的通知。

负责货物在装运港越过船舷为止的一切费用和风险。

向买方提供商业发票和证明货物已交至船上的通常单据。

② 买方的主要义务如下：

负责租船或订舱，支付运费，并给予卖方关于船名、装船地点和要求交货时间的充分的通知。

负责办理货物进口手续，取得进口许可证和其他官方核准书，必要时办理货物经由他国过境的一切海关手续，支付有关费用和过境费。

自费办理货物运输保险，承担货物在装运港越过船舷后的一切费用和风险。

收取卖方按合同规定交付的货物，接受卖方提供的有关单据，并按合同规定支付货款。

12. CIF

即成本＋保险费＋运费。以此价格成交时，买卖双方签订装运合同，卖方在合同规定的装运期内在装运港将货物交至运往指定目的港的船上，负责货物在装运港越过船舷为止的一切费用和承担货物灭失或损坏的风险，负责租船和订舱，支付从装运港到目的港的正常运费，并负责办理货运保险，支付保险费。

① 卖方的主要义务如下：

自负风险和费用，取得货物出口许可证和其他官方核准书，办理货物出口所需的海关手续。

负责在合同规定的日期和期间内，在指定装运港，将合同规定的货物运往指定目的港的船上，并给予买方充分的通知。

负责租船或订舱，并支付至目的港的运费。

负责办理货物运输保险，支付保险费。

承担货物在装运港越过船舷为止的一切费用和风险。

向买方提供商业发票、保险单和货物运往目的港的通常运输单据。

② 买方的主要义务如下：

负责办理货物进口手续，取得进口许可证和其他官方核准书，必要时办理货物经由他国过境的一切海关手续，支付有关费用和过境费。

承担货物在装运港越过船舷后的一切费用和风险。

收取卖方按合同规定交付的货物，接受卖方提供的有关单据，并按合同规定支付货款。

13. DES

即目的港船上交货价格，又称到岸价。以此价格成交时，买卖双方签订到岸交货合同，是指卖方在合同规定的装运期内在指定的目的港船上向买方提供了未经进口清关的货物时，卖方即履行了交货义务。卖方承担货物运至指定目的港卸货之前的一切费用和风险。买方承担船上货物交由其处置时起的一切费用和风险，其中包括卸货费和办理货物进口的清关手续。

① 卖方的主要义务如下：

自负风险和费用，取得货物出口许可证和其他官方核准书，办理货物出口所需的海关手续。

负责在合同规定的日期和期间内，在指定装运港，将合同规定的货物交至运往指定目的港的船上，并给予买方充分的通知。

负责租船或订舱，并支付至目的港的运费。

负责办理货物运输保险，支付保险费。

承担货物在目的港越过船舷为止的一切费用和风险。

向买方提供商业发票、保险单和货物运往目的港的通常运输单据。

② 买方的主要义务如下：

负责办理货物进口手续，取得货物进口许可证和其他官方核准书。

承担货物在目的港越过船舷后的一切费用和风险。

收取卖方按合同规定交付的货物，接受卖方提供的有关单据，并按合同规定支付货款。

14. 固定资产原值

项目投产时（达到预定可使用状态）按规定由投资形成固定资产的部分（不含增值税）。构成固定资产原值的组成主要包括：

① 工程费用，即建筑工程费、设备购置费和安装工程费。

② 工程建设其他费用中按规定形成固定资产的费用。

③ 预备费，含基本预备费和价差预备费。

④ 建设期利息及相关的筹资费用。

15. 修理费

为保持固定资产的正常运转和使用，充分发挥使用效能，对其进行必要的修理及日常维护产生的费用。

16. 原材料损耗

原材料运输、投产和保持运转时的材料损耗及设备管线中必需的最低存入量。

17. 安全生产费

专门用于完善和改进企业安全生产条件的资金，企业应建立安全生产费管理制度，专款专用。

18. 其他制造费

用于简化计算除人员费用、折旧费、摊销费、修理费、保险费和安全生产费以外的制造费用，主要包括生产管理部门发生的机物料消耗、低值易耗品、运输费、办公费等。

19. 水工作业费

LNG码头作业的辅助生产成本。该成本是指在LNG运输船进接收站时利用社会资源进行水上作业时的成本分摊和使用船只的租赁成本。主要包括：

① 重件码头运营费用，包括接收站自建的重件码头费用和租用的重件码头费用两种。

② 拖轮租金，为委托其他运营港口或码头单位对接收站进港LNG运输船的停靠和离岸进行的引航、拖航、系泊及海工维护服务合同。

③ 海事安全运营费用，系指需交纳给地方的海事通行运营需要的费用。

④ 码头疏浚工程和航道年维护费用，主要是码头港池、调头区的特定水深维护、专有航道或共用航道每次发生的扫海和航道清淤挖泥的费用或分摊费用。

⑤ 海域使用费，国家以海域所有者身份依法出让海域使用权，而向取得海域使

用权的单位和个人收取的权利金。

20. 管理费用

企业为管理和组织生产经营活动所发生的各项费用。

21. 资产摊销费及构成

投资中形成的无形资产，无形资产原值主要包括：

① 土地使用权出让金及契税。

② 特许权使用费，如专利权、商标权、专有技术、著作权、分销权或销售权的许可或转让而支付的费用。

③ 其他，如水权置换费、环保总量转让费、排污权购买费等。

22. 生产合同印花税和费用

直接用于生产运行的以合同金额计算的印花税和费用。

23. 保险费

为保证生产运行和投资收益的各种保险费。

24. 科技投入费（科研费用）

企业技术进步、提高生产力而发生的各项研究和开发费用、技术转让费。

25. 其他管理费

除人员费用、折旧费、摊销费、修理费、保险费、防洪费以外的管理费，如企业管理部门发生的机物料消耗、低值易耗品、差旅费等。

26. 营业费用

企业在产品销售环节发生的各项费用及销售机构的各项费用。

27. 财务费用

企业为筹集所需资金而发生的费用，主要包括各种贷款付息、手续费及汇兑费用等债务资金筹集而发生的费用。

28. 项目借款期

宽限期：项目在建设期获得贷款，借款本金延期偿还的年份，或者借款本金和利息延期偿还的年份。

还款年限：由贷款合同规定的开始还款到还清贷款需要的时间期限。

29. 利息支出

包括长期借款利息、流动资金借款利息和短期借款利息。

30. 借款

长期借款，是指对建设期借款余额（含未支付的建设期利息）应在生产运营期支付的本金和利息。

短期借款，运营期间由于资金的临时需要而发生的短期借款。

31. 营业收入

销售产品或提供服务所获得的收入。

32. 维持营运投资

为维持项目正常运营、保持生产能力进行基础设施采购及设备更新的资金投入。

33. 财务内部收益率

项目在计算期内各年净现金流量现值累计等于零时的折现率。

34. 财务净现值

将项目计算期内各年的净现金流量（按行业基准收益率i_c）折现到建设期初的现值之和。

35. 投资回收期

以项目的净收益回收项目投资所需要的时间，是考察项目财务上投资回收能力的重要静态评价指标。

36. 总投资收益率

项目达到设计能力后，正常年份的年息税前利润或运营期内平均息税前利润（EBIT）与项目总投资（TI）的比率，表示总投资的盈利水平。

37. 资本金利润率

项目达到设计能力后，正常年份净利润或运营期内平均净利润（NP）与项目资本金（EC）的比率，表示项目资本金的盈利水平。

38. 利息备付率

在借款偿还期内的当期息税前利润（EBIT）与应付当期利息（PI）的比值，其从付息资金来源的充裕性角度反映项目偿付债务的保障程度指标。

39. 偿债备付率

在借款偿还期内，当期可用于还本付息的资金（EBITDA-TAX）与当期应还本付息金额（PD）的比值，表示可用于还本付息的资金偿还借款本息的保障程度指标。

40. 资产负债率

各期末负债总额（TL）与资产总额（TA）的比率，是反映项目各年所面临的财务风险程度及综合偿债能力的指标，资产负债率过高表明企业的财务风险太大，参考国际上公认的指标标准比例是60%。

41. 速动比率

速动资产与流动负债之比，反映项目法人在短时间内偿还流动负债的能力，比例越高，说明偿还流动负债的能力越强，参考国际公认的标准比例是100%。

42. 流动比率

流动资产与流动负债之比，反映项目法人偿还流动负债的能力，比例越高，说明偿还流动负债的能力越强，参考国际公认的标准比例是200%。

43. 盈亏平衡分析、盈亏平衡点

盈亏平衡分析是指计算项目达产年的盈亏平衡点（BEP，即收入等于总成本费用时）的生产能力利用率和产量，分析项目成本和收入的平衡关系。

盈亏平衡点是项目的盈利与亏损的转折点，即在这一点上，销售收入等于总成本费用，正好盈亏平衡，用以考察项目对产品变化的适应能力和抗风险能力。盈亏平衡点越低，表明项目使用产品变化的能力越大，抗风险能力越强。

44. 敏感性分析

通过测定一个或多个不确定因素的变化所导致的决策评价指标的变化幅度，了解各种因素的变化对实现预期目标的影响程度，从而对外部条件发生不利变化时投资方案的承受能力作出判断，找出敏感因素，估计项目效益对它们的敏感程度，粗略预测项目可能承担的风险。

45. 净年值

净年值又称等额年值，计算期相同或不同时，以基准收益率将项目计算期内净现金流量等值换算而成的等额年值。

附录2 辅助财务报表

附表A.1 项目总投资估算表

序号	工程或费用名称	金额/万元（人民币）	其中：外币/万元（美元）	占总投资比例/%	分年投资/万元（人民币）				备注
					年1	年2	年3	……	
1	建设投资								
1.1	工程1（填具体工程名称）								
1.2	工程2								
1.3	工程3								
2	建设期利息								
3	流动资金								
3.1	铺底流动资金								
4	增值税								
5	项目总投资（1+2+3+4）								
5.1	形成固定资产的投资费用								
5.2	形成无形资产的投资费用								
5.3	形成其他资产的投资费用								
6	项目报批总投资（1+2+3.1+4）								

注：1. 建设投资的分项投资是指合并前各单体工程项目的投资估算，如果单体工程只有一项时，可以不填分项投资。

2. 铺底流动资金占流动资金的30%。

附表A.2 建设投资汇总表

序号	单体工程	建设投资/万元	固定资产/万元	无形资产/万元	其他资产/万元	其中美元投资/万美元
1	码头工程					
2	接收站工程					
3	输气管线工程					
4	天然气液化工程					
5	LNG卫星站/气化站工程					
6	储罐工程					
7	其他工程					

注：1. 如果项目只有一个工程项目，则此表可以不做。

2. 若外汇投资不是美元投资，日元以"百万日元"为单位，其他均以"万××"（××＝外币名称，如英镑、欧元等）为单位。

附表A.3 建设期贷款利息估算表

单位：万元或万美元

序号	项目	合计	建设期				
			1	2	3	……	n
1	人民币借款						
1.1	建设期利息						
1.1.1	期初借款余额						
1.1.2	当期借款						
1.1.3	当期应计利息						
1.1.4	支付利息						
1.1.5	期末借款余额						
1.2	其他融资费用						
1.3	小计（1.1+1.2）						
2	外币借款						
2.1	建设期利息						
2.1.1	期初借款余额						
2.1.2	当期借款						
2.1.3	当期应计利息						
2.1.4	期末借款余额						
2.2	其他融资费用						
2.3	小计（2.1+2.2）						
3	债券						
3.1	建设期利息						
3.1.1	期初债务余额						
3.1.2	当期债务金额						
3.1.3	当期应计利息						
3.1.4	期末债务余额						
3.2	其他融资费用						
3.3	小计（3.1+3.2）						
4	合计（1.3+2.3+3.3）						
4.1	建设期利息合计（1.1+2.1+3.1）						
4.2	其他融资费用合计（1.2+2.2+3.2）						

注：本表可以与附表B.5合并。

附表A.4 流动资金估算表

单位：万元（人民币）

序号	项目	最低周转天数	周转次数	计算期					
				1	2	3	4	……	n
1	流动资产								
1.1	应收账款								
1.2	预付账款								
1.3	存货								
1.3.1	原材料								
1.3.2	燃料动力								
1.3.3	在产品								
1.3.4	产成品								
1.4	现金								
2	流动负债								
2.1	应付账款								
2.2	预收账款								
3	流动资金（1-2）								
4	流动资金本年增加额								

注：1. 本表适用于新设法人项目与既有法人项目的"有项目""无项目"和增量流动资金的估算。
2. 表中科目可视项目变动。
3. 如发生外币流动资金，应另行估算后予以说明，其数额应包含在本表数额内。
4. LNG接收站项目，有原材料存货，没有产成品；天然气液化项目有产成品，没有原材料存货。

附表 A.5 项目总投资使用计划与资金筹措表

序号	项目	合计			1			……		
		人民币/万元	外币/万美元	小计	人民币/万元	外币/万美元	小计	人民币/万元	外币/万美元	小计
1	项目总投资									
1.1	建设投资									
1.2	建设期利息									
1.3	流动资金									
1.4	增值税									
2	资金筹措									
2.1	项目权益资金									
2.1.1	用于建设投资									
2.1.1.1	××方									
2.1.1.2	……									
2.1.2	用于建设利息									
2.1.2.1	××方									
2.1.2.2	……									
2.1.3	用于流动资金									
2.1.3.1	××方									
2.1.3.2	……									
2.2	债务资金									
2.2.1	长期借款									
2.2.1.1	借款人民币									
2.2.1.2	外币借款									
2.2.1.3	用于建设投资									
2.2.1.4	用于建设期利息									
2.2.2	流动资金借款									
2.2.3	其他短期借款									

注：1. 本表按新增投资范畴编制。
2. 本表建设期利息一般可包括其他融资费用。
3. 对既有法人项目，项目权益资金中可包括新增资金和既有法人货币资金与资产变现或资产经营权变现的资金，可分别列出或加以文字说明。
4. 建设投资为不含增值税值，若填入含税值需特别标注，所含增值税需单独列出。

附表 A.6 营业收入及税金估算表

单位：万元（人民币）

序号	项目	合计	计算期					
			1	2	3	4	……	n
1	营业收入							
1.1	产品1（××）营业收入							
1.1.1	销售量							
1.1.2	销售价格							
1.2	产品2（××）营业收入							
1.2.1	销售量							
1.2.2	销售价格							
1.3	……							
2	增值税							
2.1	销项税额							
2.2	进项税额							
2.2.1	成本进项税							
2.2.2	投资进项税抵扣							
2.3	进项税退税							
2.4	待抵扣投资进项税							
3	税金及附加							
3.1	消费税							
3.2	城市维护建设税							
3.3	教育费附加							
4	其他税费(防洪费等)							
5	流转税金与附加等合计							

注：1. 适用于新设法人项目与既有法人项目的"有项目""无项目"和增量的营业收入、税金与附加和增值税估算。

2. 对于多种产品税收科目，见附表 A.7，本表为合并项。

3. 本表全部采用不含税价格。

4. 主要产品销售量的单位在整个报表中统一。

附表 A.7 总成本费用估算表

单位：万元（人民币）

序号	项目	合计	计算期					
			1	2	3	4	……	n
	年生产量负荷/%							
	LNG产量/万t							
	天然气产量/万m³							
1	生产成本							
1.1	外购材料费							
1.1.1	原材料消耗费							
1.1.2	燃料费							
1.1.3	电费							
1.1.4	水费							
1.1.5	辅助材料及其他							
1.1.6	原材料损耗							
1.2	水工作业费							
1.3	人员费用							
1.4	制造费用							
1.4.1	折旧费							
1.4.2	修理费							
1.4.3	其他制造费							
1.5	其他作业成本							
1.6	LNG加气站项目其他费							
2	管理费用							
2.1	摊销费							
2.2	运行保险费							
2.3	安全生产费							
2.4	其他管理费用							
3	财务费用							
3.1	利息支出							
3.1.1	长期借款利息							
3.1.2	流动资金借款利息							

续表

序号	项目	合计	计算期					
			1	2	3	4	……	n
3.1.3	短期借款利息							
3.2	其他财务费用							
4	营业费用							
5	总成本费用合计（1+2+3+4）							
5.1	可变成本							
5.2	固定成本							
6	经营成本（5−1.4.1−2.1−3）							
7	单位总成本							

注：1. 本表适用于新设法人项目与既有法人项目的"有项目""无项目"和增量总成本费用的估算。
2. 不同项目相应要减少项目列项。
3. 接收站成本估算表（含码头工程部分），接收站连接用户的局部管线成本可合并至"其他作业成本项"。
4. 天然气液化成本费用估算表，本表去掉1.5项和1.2项（如果没有码头作业）。
5. LNG卫星站/气化站成本费用估算表，本表去掉1.2项、1.5项。
6. LNG加气站项目成本费用估算表，本表需计算1.6项。
7. 当原材料损耗在产品率中体现时，此处不重复计算。计算原材料消耗量时，包括原材料损耗量；不计原材料费时，原材料损耗计入原材料损耗项。

附表A.8 外购原材料、燃料和动力等费用估算表

单位：万元（人民币）

序号	项目	合计	计算期						
			1	2	3	4	5	……	n
1	外购原材料费用								
1.1	原材料A								
1.1.1	单价								
1.1.2	数量								
1.1.3	进项税								
1.2	原材料B								
1.2.1	单价								
1.2.2	数量								
1.2.3	进项税								
2	外购燃料费								
3	外购动力费								
4	水费								
5	辅助材料费用								
5.1	辅助材料1								
5.2	辅助材料2								
5.3	……								
6	外购其他费用								
7	合计（不含税）（1～6）								
8	合计（含税）								
9	进项税额合计								

注：1. 本表适用于新设法人项目与既有法人项目"有项目""无项目"和增量外购原材料费的估算。
2. 2～6项省略了单价、数量及进项税列项，需根据实际情况增列；所有单价均为不含税单价。

附表A.9　进口LNG长期FOB合同抵岸价估算表

单位：美元/MMBTU

序号	构成项目	计算期				
		1	2	3	……	n
1	长期FOB合同抵岸价的估算					
1.1	FOB					
1.2	船舶运输保险费折算单价					
1.2.1	港口使用费折算单价（离岸港）					
1.2.2	船舶租金折算单价					
1.2.3	船舶操作费用折算单价					
1.2.4	船舶航次费用折算单价					
1.2.5	LNG货物保险费折算单价					
1.2.6	其他费用					
1.3	港口使用费折算单价（到岸港）					
1.4	LNG进口环节增值税折算单价					
1.5	不含税抵岸价					
1.6	含税抵岸价					
2	到岸价或现货价格估算					
2.1	CIF或DES					
2.2	港口使用费折算单价					
2.3	LNG进口环节增值税折算单价					
2.4	不含税抵岸价					
2.5	含税抵岸价					

注：1. 长期FOB合同项目，抵岸价按年计算。
2. FOB按采购合同规定计算。
3. 表中各项单价折算均按各单项年总费用/LNG年到岸总量折算。
4. 到岸量为FOB采购量扣除船舶运输过程的燃气和损耗量。
5. 港口使用费包括：卸载港船舶吨税、航道费、港务费、拖轮费、引水费、泊位占用费、代理费和商检费等。
6. 船舶操作费包括：船员费用、行政管理费、船舶修理维护费、坞修费、消耗品及润料、保险和其他费用等。
7. 船舶航次费包括：燃气损耗费、燃油费和其他必要的航次支出，其中的港口使用费用在本表中单列。

附表A.10　水工作业费估算表

单位：万元（人民币）

序号	项目	合计	计算期					
			1	2	3	4	……	n
1	重件码头运营费							
2	拖轮租金							
3	海事安全运营费							
4	航道年维护费用（年摊销）							
5	运行期海域使用费							
6	其他费用							

注：1.码头和接收站生产成本合并时，陆地成本直接进接收站成本，海上作业成本归为水工作业费。
2.水工作业费分列项如与港口使用费重复，本表的对应项应剔除相应内容。

附表 A.11 输气管线总成本费用估算表

单位：万元（人民币）

序号	项目	合计	计算期					
			1	2	3	4	……	n
1	生产成本							
1.1	材料费							
1.2	燃料费							
1.3	动力费							
1.4	输气损耗							
1.5	通信专线费用							
1.6	生产工人工资							
1.7	职工福利费							
1.8	折旧费							
1.9	修理费							
1.10	其他运营费							
2	管理费用							
2.1	摊销费							
2.2	其他管理费用							
3	财务费用							
3.1	流动资金利息							
3.2	长期借款利息							
3.3	短期借款利息							
4	销售费用							
5	总成本							
5.1	固定成本							
5.2	可变成本							
6	经营成本							
7	单位总成本							

附表A.12　资产折旧和摊销费估算表

单位：万元（人民币）

序号	项目	合计	计算期					
			1	2	3	4	……	n
1	固定资产合计							
1.1	原值							
1.2	折旧费							
1.3	净值							
1.4	可抵扣固定资产增值税							
2	无形资产合计							
2.1	原值							
2.2	摊销费							
2.3	净值							
3	其他资产合计							
3.1	原值							
3.2	摊销费							
3.3	净值							
4	摊销费合计							
5	其他动产合计							
5.1	车辆原值							
5.2	折旧费							
5.3	净值							

注：1. 本表适用于新设法人项目固定资产折旧费的估算，以及既有法人项目的"有项目""无项目"和增量固定资产折旧费的估算。当估算既有法人项目的"有项目"固定资产折旧费时，应将新增和利用原有部分固定资产分别列出，并分别计算折旧费，再合并。

2. 对于主营业务为运输的项目，动产要单独折旧，在第5项中列出。

附录3 财务评价报表

附表B.1 项目投资现金流量表

单位：万元（人民币）

序号	项目	合计	计算期					
			1	2	3	4	……	n
1	现金流入							
1.1	营业收入（不含税）							
1.2	增值税销项税							
1.3	补贴收入							
1.4	进项税退税							
1.5	回收固定资产余值							
1.6	回收流动资金							
2	现金流出							
2.1	建设投资							
2.2	建设投资增值税进项税额							
2.3	流动资金							
2.4	经营成本							
2.5	成本进项税							
2.6	税金及附加							
2.7	运营期增值税							
2.8	维持运营投资							
3	所得税前净现金流量（1-2）							
4	累计所得税前净现金流量							
5	调整所得税							
6	所得税后净现金流量（3-5）							
7	累计所得税后净现金流量							

计算指标：

项目投资财务内部收益率（%）（所得税前）　　项目投资财务内部收益率（%）（所得税后）

项目投资财务净现值（所得税前）（i_c=%）　　项目投资财务净现值（所得税后）（i_c=%）

项目投资回收期（年）（所得税前）　　　　　　项目投资回收期（年）（所得税后）

注：1. 调整所得税为以息税前利润为基数；计算的所得税，区别于"利润与利润分配表""项目资本金现金流量表"和"财务计划现金流量表"中的所得税。

2. 投产第一年开始抵扣投资增值税。

附表 B.2　项目资本金现金流量表

单位：万元（人民币）

序号	项目	合计	计算期					
			1	2	3	4	……	n
1	现金流入							
1.1	营业收入（不含税）							
1.2	增值税销项税							
1.3	补贴收入							
1.4	进项税退税							
1.5	回收固定资产余值							
1.6	回收流动资金							
2	现金流出							
2.1	项目资本金							
2.2	借款本金偿还							
2.3	成本进项税							
2.4	借款利息支付							
2.5	经营成本							
2.6	税金及附加							
2.7	运营期增值税							
2.8	所得税							
2.9	维持运营投资							
3	净现金流量（1−2）							

计算指标：
资本金财务内部收益率 IRR（%）（所得税后）　　　　财务净现值 NPV（所得税后）

注：1. 项目资本金包括用于建设投资、建设期利息和流动资金的资金。
2. 对外商投资项目，现金流出中应增加职工奖励及福利基金科目。
3. 本表适用于新设法人项目和既有法人项目"有项目"的现金流量分析。

附表 B.3 投资各方现金流量表

单位：万元（人民币）

序号	项目	合计	计算期					
			1	2	3	4	……	n
1	现金流入							
1.1	实分利润							
1.2	资产处置收益分配							
1.3	租赁费收入							
1.4	技术转让或使用收入							
1.5	其他现金流入							
2	现金流出							
2.1	实缴资本							
2.2	租赁资产支出							
2.3	其他现金流出							
3	净现金流出（1−2）							

计算指标：
投资各方财务内部收益率（%）（所得税后）　　　财务净现值NPV（所得税后）

注：1. 本表可按不同投资方分别编制。

2. 投资各方现金流量表既适用于内资企业也适用于外商投资企业；既适用于合资企业也适用于合作企业。

3. 投资各方现金流量表中现金流入是指出资方因该项目的实施将实际获得的各种收入；现金流出是指资方因该项目的实施将实际投入的各种支出。表中科目应根据项目具体情况调整。

4. 实分利润是指投资者由项目获取的利润。

5. 资产处置收益分配是指对有明确的合营期限或合资期限的项目，在期满时对资产余值按股比或约定比例分配。

6. 租赁费收入是指出资方将自己的资产租赁给项目使用所获得的收入，此时应将资产价值作为现金流出，列为租赁资产支出科目。

7. 技术转让或使用收入是指出资方将专利或专有技术转让或允许该项目使用所获得的收入。

附表B.4　利润与利润分配表

单位：万元（人民币）

序号	项目	合计	计算期				
			1	2	3	……	n
1	营业收入						
2	税金及附加等合计						
3	总成本费用						
4	补贴收入						
5	利润总额（1-2-3+4）						
6	弥补以前年度亏损						
7	应纳税所得额（5-6）						
8	所得税						
9	净利润（5-8）						
10	期初未分配利润						
11	可供分配的利润（9+10）						
12	提取法定盈余公积金						
13	投资者分配利润						
14	未分配利润（11-12-13）						
15	息税前利润（利润总额+利息支出）						
16	息前税后利润						
17	息税折旧摊销前利润（息税前利润+折旧+摊销）						

计算指标：
项目总投资收益率(%)
项目资本金净利润率(%)

注：对于外商出资项目由第11项减去储备基金、职工奖励与福利基金和企业发展基金后，得出可供投资者分配的利润。

附表B.5　借款还本付息计划表

单位：万元（人民币）

序号	项目	合计	计算期					
			1	2	3	4	……	n
1	建设投资贷款							
1.1	人民币借款							
1.1.1	期初借款余额							
1.1.2	当期还本付息							
1.1.2.1	还本							
1.1.2.2	付息							
1.1.3	期末借款余额							
1.2	外币借款							
1.2.1	期初借款余额							
1.2.2	当期还本付息							
1.2.2.1	还本							
1.2.2.2	付息							
1.2.3	期末借款余额							
1.3	债券融资							
1.3.1	期初债务余额							
1.3.2	当期还本付息							
1.3.2.1	还本							
1.3.2.2	付息							
1.3.3	期末债务余额							
2	流动资金贷款							
2.1	期初借款余额							
2.2	当期还本付息							
2.2.1	还本							
2.2.2	付息							
2.3	期末借款余额							
3	短期贷款							
3.1	期初债务余额							

续表

序号	项目	合计	计算期					
			1	2	3	4	……	n
3.2	当期还本付息							
3.2.1	还本							
3.2.2	付息							
3.3	期末债务余额							
4	借款和债券合计							
4.1	期初余额							
4.2	当期还本付息							
4.2.1	还本							
4.2.2	付息							
4.3	期末余额							

计算指标：
利息备付率（%）
偿债备付率（%）

注：1. 本表与附表 A.3 可合二为一。
2. 本表直接适用于新设法人项目，如有多种借款或债权，必要时应分别列出。
3. 对于既有法人项目，在按有项目范围进行计算时，可根据需要增加项目范围内原有借款的还本付息计算；在计算企业层次的还本付息时，可根据需要增加项目范围外借款的还本付息计算；当简化直接进行项目层次新增借款还本付息计算时，可直接按新增数据进行计算。
4. 本表可另加流动资金借款的还本付息计算。

附表B.6　财务计划现金流量表

单位：万元（人民币）

序号	项目	合计	计算期				
			1	2	3	……	n
1	经营活动净现金流量（1.1-1.2）						
1.1	现金流入						
1.1.1	营业收入（不含税）						
1.1.2	增值税销项税额						
1.1.3	补贴收入						
1.1.4	进项税退税						
1.1.5	回收流动资金						
1.2	现金流出						
1.2.1	经营成本						
1.2.2	成本进项税						
1.2.3	税金及附加						
1.2.4	运营期增值税						
1.2.5	……						
1.2.6	所得税						
1.2.7	其他流出						
2	投资活动净现金流量（2.1-2.2）						
2.1	现金流入						
2.2	现金流出						
2.2.1	建设投资						
2.2.2	建设投资增值税进项税额						
2.2.3	维持运营投资						
2.2.4	流动资金						
2.2.5	其他流出						
3	筹资活动净现金流量（3.1-3.2）						
3.1	现金流入						
3.1.1	项目资本金投入						
3.1.2	建设投资借款						
3.1.3	流动资金借款						

续表

序号	项目	合计	计算期				
			1	2	3	……	n
3.1.4	短期借款						
3.1.5	回收固定资产余值						
3.1.6	其他流入						
3.2	现金流出						
3.2.1	借款本金偿还（对应现金流入项）						
3.2.2	各种利息支出						
3.2.3	投资者分配利润						
3.2.4	其他流出						
4	净现金流量（1+2+3）						
5	累计盈余资金						

注：1. 对于新设法人项目，本表投资活动的现金流入可为零。
2. 对外商投资项目应将职工奖励与福利基金作为经营活动现金流出。
3. 建设投资为不含税值，若填入含税值需特别标注，所含增值税需单独列出。

附表B.7 资产负债表

单位：万元（人民币）

序号	项目	计算期				
		1	2	3	……	n
1	资产					
1.1	流动资产总额					
1.1.1	应收账款					
1.1.2	预付账款					
1.1.3	存货					
1.1.4	现金					
1.1.5	累计盈余资金					
1.2	在建工程					
1.3	固定资产净值					
1.4	无形及其他资产净值					
2	负债及所有者权益（2.3+2.4）					
2.1	流动负债总额					
2.1.1	应付账款					
2.1.2	投资中待抵扣进项税额					
2.1.3	预收账款					
2.1.4	流动资金借款					
2.1.5	短期借款					
2.2	建设投资借款					
2.3	负债合计（2.1+2.2）					
2.4	所有者权益					

续表

序号	项目	计算期				
		1	2	3	……	n
2.4.1	资本金					
2.4.2	资本公积金					
2.4.3	累计盈余公积金					
2.4.4	累计未分配利润					

计算指标:
资产负债率（%）
流动比率（%）
速动比率（%）

注：1. 对外商投资项目，第2.4.3项改为累计储备基金和企业发展基金。
2. 建设前期的研究报告可以不考虑固定资产增值税抵扣。
3. 投产前一年计算可抵扣固定资产增值税。投产第一年开始抵扣投资增值税。
4. 在建工程值含建设投资增值税，若不含增值税，则每年在建工程，应扣减投资进项税额，增值税单独计列。

附录4 敏感性分析

附表C.1 敏感性分析表

变化因素	产品销售价格（IRR = 基本内部收益率）								
变化率	−20%	−15%	−10%	−5%	0%	5%	10%	15%	20%
销售量									
投资									
原材料成本									
操作成本									
汇率									

附表C.2 价格敏感性分析表（产品售价受主要原材料进价影响）

项目	IRR = 基本内部收益率					
主要原材料进价						
主要产品售价(不含税)						
主要产品售价(不含进口增值税)						

注：单位有元/m^3和元/t。

附表C.3 价格敏感性分析表（下游气价受国际油价影响）

项目	单位	IRR = 基本内部收益率					
国际油价	美元/桶						
进口LNG价格(FOB)	美元/MMBTU						
进口LNG价格(到岸价)	美元/MMBTU						
进口LNG价格(到岸价)	元/m^3						
下游用户气价(不含税)	元/m^3						

附录5 液化天然气项目主要技术经济指标表

序号	类别	指标名称
1	建设期技术经济指标	接收站项目单位规模建设投资
2		接收站项目单位接收能力建设投资
3		码头工程单位接收能力建设投资
4		储罐单位罐容工程费
5		储罐单位储气能力工程费
6		接收站系统单位规模工程费
7		接收站系统单位外输设施能力工程费
8	运营期技术经济指标	单位产量总成本
9		单位产量经营成本
10		营业收入利润率
11		资产负债率
12		全员劳动生产率
13		接收站利用率
14		单位产量耗电量
15		单位产量综合能耗
16		万元增加值综合能耗
17		万元增加值碳排放
18		运营罐及配套设施加工费
19		储备罐储气费
20		调峰罐储气费
21	综合指标	内部收益率

附录6　LNG接收站项目建设投资构成表

序号	接收站项目建设投资	系统及单项工程
1	码头工程建设投资	
2	接收站工程建设投资	
2.1	接收站工程固定资产费用	
2.1.1	接收站工程工程费用	
2.1.1.1	储罐系统工程费	LNG储罐
2.1.1.2	接收站系统工程费	LNG罐区
		LNG卸料及返输系统
		LNG计量系统
		LNG外输系统
		LNG气化系统
		接收站管廊
		BOG处理系统
		槽车装车系统
		站区公用设施
		海水系统
		淡水系统
		污水处理系统
		空压制氮系统
		燃油系统
		燃料气系统
		给排水及消防
		总图
		动力及控制区域
		全厂电讯
		场平及地基处理
		供暖系统
		火炬系统
		中央控制室及化验室
		维修车间
		综合仓库
		安全卫生

续表

序号	接收站项目建设投资	系统及单项工程
2.1.1.3	厂外工程费	综合调度楼
		厂外供电线路
		厂外供水线路
		进场道路工程
2.1.1.4	服务性工程费	倒班宿舍及餐厅
		行政办公楼
		消防站
		厂前区工程
2.1.1.5	其他工程费	
2.1.2	固定资产其他费用	
2.2	无形资产费用	
2.3	其他资产费用	
2.4	预备费	

附录7　LNG接收站项目经济评价附表

附表F.1　主要指标汇总表

序号	项目名称	单位	指标	备注
1	达产量			
1.1	LNG	万吨	303	
2	成本费用			
2.1	年均总成本	万元	77718	不含税
2.2	年均经营成本	万元	36415	不含税
3	收入及利润			
3.1	年均营业收入	万元	106970	不含税
3.2	年均增值税及附加	万元	10320	
3.3	年均利润总额	万元	28146	
3.4	年均净利润	万元	21109	
3.5	年均所得税	万元	7036	
4	财务分析指标			
4.1	项目财务内部收益率			
4.1.1	财务内部收益率（税前）	%	8.2	
4.1.2	财务净现值（税前）	万元	122069	i_c=6%
4.1.3	投资回收期（税前）	年	11.6	包括建设期
4.1.4	财务内部收益率（税后）	%	6.5	
4.1.5	财务净现值（税后）	万元	28580	i_c=6%
4.1.6	投资回收期（税后）	年	12.9	包括建设期
4.2	资本金内部收益率			
4.2.1	财务内部收益率	%	10.4	
4.2.2	财务净现值	万元	91431	i_c=6%
4.2.3	投资回收期	年	9.5	包括建设期

附表 F.2 总成本费用估算表

单位：万元

序号	项目名称	运营期/年																					
		1	2	3	4	5	6	7	8	9	10	11	12	13	14	15	16	17	18	19	20	21	22
1	生产成本	56291	60264	62852	64323	65751	65751	65751	65751	65751	65751	65751	65751	65751	65751	65751	65751	65751	65751	65751	65751	35258	35258
1.1	外购材料费	9599	13573	16160	17631	19060	19060	19060	19060	19060	19060	19060	19060	19060	19060	19060	19060	19060	19060	19060	19060	19060	19060
1.1.1	外购原材料费																						
1.1.2	外购燃料及动力费	9599	13573	16160	17631	19060	19060	19060	19060	19060	19060	19060	19060	19060	19060	19060	19060	19060	19060	19060	19060	19060	19060
1.1.3	辅助材料及其他																						
1.2	工资及福利	3667	3667	3667	3667	3667	3667	3667	3667	3667	3667	3667	3667	3667	3667	3667	3667	3667	3667	3667	3667	3667	3667
1.3	海域使用金	73	73	73	73	73	73	73	73	73	73	73	73	73	73	73	73	73	73	73	73	73	73
1.4	疏浚费	1203	1203	1203	1203	1203	1203	1203	1203	1203	1203	1203	1203	1203	1203	1203	1203	1203	1203	1203	1203	1203	1203
1.5	制造费	41749	41749	41749	41749	41749	41749	41749	41749	41749	41749	41749	41749	41749	41749	41749	41749	41749	41749	41749	41749	11256	11256
1.5.1	折旧费	30493	30493	30493	30493	30493	30493	30493	30493	30493	30493	30493	30493	30493	30493	30493	30493	30493	30493	30493	30493		
1.5.2	修理费	9133	9133	9133	9133	9133	9133	9133	9133	9133	9133	9133	9133	9133	9133	9133	9133	9133	9133	9133	9133	9133	9133
1.5.3	其他制造费	2123	2123	2123	2123	2123	2123	2123	2123	2123	2123	2123	2123	2123	2123	2123	2123	2123	2123	2123	2123	2123	2123
2	管理费用	2325	2474	2513	2534	2547	2159	2159	2146	2146	2146	2135	2135	2135	2124	2124	2124	2113	2113	2113	2100	2100	2100
2.1	摊销费	388	388	388	388	388																	
2.2	运行保险费	642	642	642	642	642	642	642	642	642	642	642	642	642	642	642	642	642	642	642	642	642	642
2.3	安全生产费	523	672	711	732	745	745	745	732	732	732	721	721	721	710	710	710	699	699	699	686	686	686
2.4	土地租赁费																						
2.5	其他管理费用	772	772	772	772	772	772	772	772	772	772	772	772	772	772	772	772	772	772	772	772	772	772
3	财务费用	23662	23671	23677	21867	20056	18242	16429	14615	12801	10987	9173	7359	5545	3731	1917	103	103	103	103	103	103	103
4	营业费用																						
5	总成本	82278	86409	89042	88724	88354	86152	84338	82512	80698	78884	77059	75245	73431	71606	69793	67979	67968	67968	67968	67955	37461	37461
6	经营成本	27735	31857	34483	35976	37417	37417	37417	37404	37404	37404	37393	37393	37393	37382	37382	37382	37371	37371	37371	37358	37358	37358

附表F.3 营业收入及税金估算表

单位：万元

序号	项目名称	运营期/年																			
		1	2	3	4	5	6	7	8	9	10	11	12	13	14	15	16	17	18	19	20
1	营业收入			62559	89246	106499	116002	121505	121505	121505	116102	116102	116102	111153	111153	111153	106285	106285	106285	101430	101430
1.1	综合加工费			44389	65995	78782	82895	83010	83010	83010	77607	77607	77607	72658	72658	72658	67790	67790	67790	62935	62935
1.1.1	单价（元/m^3，不含税）			0.294	0.294	0.294	0.294	0.281	0.281	0.281	0.263	0.263	0.263	0.246	0.246	0.246	0.230	0.230	0.230	0.213	0.213
1.1.2	数量（万m^3）			151003	224504	268004	281996	295003	295003	295003	295003	295003	295003	295003	295003	295003	295003	295003	295003	295003	295003
1.1.3	销项税额			5771	8579	10242	10776	10791	10791	10791	10089	10089	10089	9446	9446	9446	8813	8813	8813	8182	8182
2	税金及附加							265	1643	1643	1558	1558	1558	1481	1481	1481	1405	1405	1405	1330	1330
2.1	城市建设维护税							155	958	958	909	909	909	864	864	864	820	820	820	776	776
2.2	教育费附加							110	684	684	649	649	649	617	617	617	586	586	586	554	554
2.3	营业税																				
3	增值税							2209	13690	13690	12987	12987	12987	12344	12344	12344	11711	11711	11711	11080	11080
3.1	进项税额			54908	48275	38458	26561	13587	2106	2106	2106	2106	2106	2106	2106	2106	2106	2106	2106	2106	2106
3.1.1	可抵扣投资进项税			53848	46775	36672	24613	11481													
3.1.2	成本进项税			1060	1499	1785	1948	2106	2106	2106	2106	2106	2106	2106	2106	2106	2106	2106	2106	2106	2106
3.2	销项税额			8133	11602	13845	15080	15796	15796	15796	15093	15093	15093	14450	14450	14450	13817	13817	13817	13186	13186

附表 F.4 利润与利润分配表

单位：万元

序号	项目名称	1	2	3	4	5	6	7	8	9	运营期/年 10	11	12	13	14	15	16	17	18	19	20
1	营业收入（不含税）	2139396	62559	89246	106499	116002	121505	121505	121505	116102	116102	116102	111153	111153	111153	106285	106285	106285	101430	101430	101430
2	税金及附加	21609					265	1643	1643	1558	1558	1558	1481	1481	1481	1405	1405	1405	1330	1330	1330
3	总成本费用（不含税）	1629285	82278	86409	89042	88724	88354	86152	84338	82512	80698	78884	77059	75245	73431	71606	69793	67979	67968	67968	67968
4	补贴收入																				
5	利润总额	488502	−19719	2837	17457	27278	32886	33710	35524	32031	33845	35659	32613	34427	36240	33273	35087	36901	32133	32133	32133
6	以前年度亏损	−73810		−19719	−16882																
7	弥补以前年度亏损	19719		2837	16882																
8	应纳税所得额	562919			575	27278	32886	33710	35524	32031	33845	35659	32613	34427	36240	33273	35087	36901	32133	32133	32133
9	所得税	140730			144	6819	8221	8428	8881	8008	8461	8915	8153	8607	9060	8318	8772	9225	8033	8033	8033
10	净利润	347772	−19719	2837	17313	20458	24664	25283	26643	24024	25384	26744	24460	25820	27180	24955	26315	27675	24100	24100	24100
11	期初未分配利润																				
12	可供分配利润	347772	−19719	2837	17313	20458	24664	25283	26643	24024	25384	26744	24460	25820	27180	24955	26315	27675	24100	24100	24100
13	提取法定盈余公积金	44191		284	1731	2046	2466	2528	2664	2402	2538	2674	2446	2582	2718	2495	2632	2768	2410	2410	2410
14	可供投资者分配的利润	303582	−19719	2553	15582	18413	22198	22754	23979	21621	22846	24070	22014	23238	24462	22459	23684	24908	21690	21690	21690
15	应付普通股利	303582	−19719	2553	15582	18413	22198	22754	23979	21621	22846	24070	22014	23238	24462	22459	23684	24908	21690	21690	21690
16	未分配利润	303582	−19719	2553	15582	18413	22198	22754	23979	21621	22846	24070	22014	23238	24462	22459	23684	24908	21690	21690	21690
17	息税前利润	777166	3943	26508	41135	49145	52942	51953	51953	46646	46646	46646	41785	41785	41785	37004	37004	37004	32236	32236	32236
18	息税折旧摊销前利润	1388973	34824	57390	72016	80026	83824	82446	82446	77139	77139	77139	72279	72279	72279	67497	67497	67497	62729	62729	62729

附表 F.5 折旧和摊销费估算表

单位：万元

序号	项目名称	运营期/年																			
		1	2	3	4	5	6	7	8	9	10	11	12	13	14	15	16	17	18	19	20
1	固定资产																				
1.1	固定资产（工程一）																				
1.1.1	折旧费	30493	30493	30493	30493	30493	30493	30493	30493	30493	30493	30493	30493	30493	30493	30493	30493	30493	30493	30493	30493
1.1.2	净值	611471	580978	550485	519991	489498	459005	428511	398018	367525	337031	306538	276045	245551	215058	184565	154072	123578	93085	62592	32098
1.2	固定资产（工程二）																				
1.2.1	折旧费																				
1.2.2	净值																				
1.3	合计																				
1.3.1	折旧费	30493	30493	30493	30493	30493	30493	30493	30493	30493	30493	30493	30493	30493	30493	30493	30493	30493	30493	30493	30493
1.3.2	净值	611471	580978	550485	519991	489498	459005	428511	398018	367525	337031	306538	276045	245551	215058	184565	154072	123578	93085	62592	32098
2	无形资产																				
2.1	无形资产（其他无形资产，非土地）																				
2.1.1	摊销费																				
2.1.2	净值																				
2.2	无形资产（土地使用权）																				
2.2.1	摊销费																				
2.2.2	净值																				
2.3	合计																				
2.3.1	摊销费																				
2.3.2	净值																				
3	其他资产																				
3.1	摊销费	388	388	388	388	388															
3.2	净值	1552	1164	776	388																

附表 F.6 借款还本付息计划表

单位：万元

序号	项目名称	建设期/年			运营期/年																		
		1	2	3	1	2	3	4	5	6	7	8	9	10	11	12	13	14	15	16	17	18	19	20
1	借款																							
1.1	期初借款余额	111737	355156	498356	498356	498356	460021	421686	383351	345016	306681	268346	230011	191676	153340	115005	76670	38335	0				
1.2	当期借款	109154	232629	123474																				
1.3	当期应计利息	2582	10791	19726	23581	23581	23581	21767	19953	18139	16325	14511	12697	10883	9070	7256	5442	3628	1814	0				
1.4	当期还本付息				23581	23581	61916	60102	58288	56474	54660	52846	51032	49219	47405	45591	43777	41963	40149	0				
1.4.1	还本						38335	38335	38335	38335	38335	38335	38335	38335	38335	38335	38335	38335	38335	0				
1.4.2	付息				23581	23581	23581	21767	19953	18139	16325	14511	12697	10883	9070	7256	5442	3628	1814	0				
1.5	期末借款余额	111737	355156	498356	498356	498356	460021	421686	383351	345016	306681	268346	230011	191676	153340	115005	76670	38335	0					
2	还本资金来源				11162	33434	46463	49294	53079	53248	54472	52114	53339	54563	52507	53731	54956	52952	54177	55401	52183	52183	52183	48362
2.1	未分配利润				(19719)	2553	15582	18413	22198	22754	23979	21621	22846	24070	22014	23238	24462	22459	23684	24908	21690	21690	21690	17869
2.2	折旧费				30493	30493	30493	30493	30493	30493	30493	30493	30493	30493	30493	30493	30493	30493	30493	30493	30493	30493	30493	30493
2.3	摊销费				388	388	388	388	388															

附表 F.7 流动资金估算表

单位：万元

序号	项目名称	运营期/年																			
		1	2	3	4	5	6	7	8	9	10	11	12	13	14	15	16	17	18	19	20
1	流动资产	3843	4567	5029	5291	5544	5544	5544	5542	5542	5542	5540	5540	5540	5538	5538	5538	5537	5537	5537	5534
1.1	应收账款	2311	2655	2874	2998	3118	3118	3118	3117	3117	3117	3116	3116	3116	3115	3115	3115	3114	3114	3114	3113
1.2	存货	888	1256	1495	1632	1764	1764	1764	1764	1764	1764	1764	1764	1764	1764	1764	1764	1764	1764	1764	1764
1.3	现金	644	656	660	661	662	662	662	661	661	661	660	660	660	660	660	660	659	659	659	658
1.4	预付账款																				
2	流动负债	888	1256	1495	1632	1764	1764	1764	1764	1764	1764	1764	1764	1764	1764	1764	1764	1764	1764	1764	1764
2.1	应付账款	888	1256	1495	1632	1764	1764	1764	1764	1764	1764	1764	1764	1764	1764	1764	1764	1764	1764	1764	1764
2.2	预收账款																				
3	流动资金	2955	3311	3533	3659	3780	3780	3780	3778	3778	3778	3777	3777	3777	3775	3775	3775	3773	3773	3773	3771
4	流动资金年增加额	2955	356	222	126	121			−2			−2			−2			−2			−2

附表 F.8 资产负债表

单位：万元

序号	项目名称	建设期/年			运营期/年																		
		1	2	3	1	2	3	4	5	6	7	8	9	10	11	12	13	14	15	16	17	18	19	20
1	资产	158517	501634	697752	635102	648765	640264	635782	633845	620793	609101	594787	581836	570245	556368	543853	532698	519315	507295	534971	559069	583168	607268	627120
1.1	流动资产总额				22079	66623	89004	115403	144347	161788	180589	196769	214311	233214	249830	267808	287146	304257	322731	380899	435491	490084	544677	595022
1.1.1	货币资金（现金）				644	656	660	661	662	662	662	661	661	661	660	660	660	660	660	660	659	659	659	658
1.1.2	应收账款				2311	2655	2874	2998	3118	3118	3118	3117	3117	3117	3116	3116	3116	3115	3115	3115	3114	3114	3114	3113
1.1.3	预付账款																							
1.1.4	存货				888	1256	1495	1632	1764	1764	1764	1764	1764	1764	1764	1764	1764	1764	1764	1764	1764	1764	1764	1764
1.1.5	其他（累计盈余资金）				18235	62056	83975	110112	138803	156244	175045	191227	208769	227672	244289	262267	281606	298719	317192	375361	429954	484547	539140	589487
1.2	在建工程	158517	501634	697752																				
1.3	固定资产净值				611471	580978	550485	519991	489498	459005	428511	398018	367525	337031	306538	276045	245551	215058	184565	154072	123578	93085	62592	32098
1.4	无形及其他资产净值				1552	1164	776	388																
2	负债及所有者权益	158517	501634	697752	635102	648765	640264	635782	633845	620793	609101	594787	581836	570245	556368	543853	532698	519315	507295	534971	559069	583168	607268	627120
2.1	流动负债总额				−45887	−35416	−23118	−9849																
2.1.1	短期借款																							
2.1.2	应付账款				888	1256	1495	1632	1764	1764	1764	1764	1764	1764	1764	1764	1764	1764	1764	1764	1764	1764	1764	1764
2.1.3	预付账款																							
2.1.4	应交税金				−46775	−36672	−24613	−11481																
2.2	建设投资借款	111737	355156	498356	498356	460021	421686	383351	345016	306681	268346	230011	191676	153340	115005	76670	38335	0						
2.3	流动资金借款				2069	2318	2473	2562	2646	2646	2646	2645	2645	2645	2644	2644	2644	2642	2642	2642	2641	2641	2641	2639
2.4	负债小计	111737	355156	498356	454538	465258	439577	414398	387761	349426	311091	272754	234419	196084	157748	119413	81078	42741	4406	4406	4406	4405	4405	4403
2.5	所有者权益	46780	146478	199396	180564	183507	200887	221383	246084	271367	298010	322033	347417	374161	398620	424440	451620	476574	502889	530565	554664	578764	602863	622717
2.5.1	资本金	46780	146478	199396	200282	200389	200456	200494	200530	200530	200530	200529	200529	200529	200529	200529	200529	200528	200528	200528	200528	200528	200528	200527
2.5.2	资本公积金																							
2.5.3	累计盈余公积金					284	2015	4061	6527	9056	11720	14122	16661	19335	21781	24363	27081	29576	32208	34976	37386	39795	42205	44191
2.5.4	累计未分配利润				−19719	−17166	−1584	16829	39027	61781	85760	107381	130227	154297	176310	195548	224010	246469	270153	295061	316751	338440	360130	377999

附表 F.9 财务计划现金流量表

单位：万元

序号	项目名称	建设期/年			运营期/年																		
		1	2	3	1	2	3	4	5	6	7	8	9	10	11	12	13	14	15	16	17	18	19	20
1	经营活动净现金流量				41897	67492	83932	86339	87083	74018	73565	69131	68678	68224	64126	63672	63219	59179	58725	58272	54696	54696	54696	50450
1.1	现金流入				124539	147623	157016	155695	148782	137301	137301	131195	131195	131195	125603	125603	125603	120102	120102	120102	114616	114616	114616	108103
1.1.1	营业收入				62559	89246	106499	116002	121505	121505	121505	116102	116102	116102	111153	111153	111153	106285	106285	106285	101430	101430	101430	95666
1.1.2	增值税销项税额				8133	11602	13845	15080	15796	15796	15796	15093	15093	15093	14450	14450	14450	13817	13817	13817	13186	13186	13186	12437
1.1.3	营业外收入（税费返还）				53848	46775	36672	24613	11481															
1.1.4	其他流入																							
1.2	现金流出				82643	80131	73085	69356	61699	63282	63736	62064	62517	62971	61477	61931	62384	60923	61376	61830	59920	59920	59920	57652
1.2.1	经营成本				27735	31857	34483	35976	37417	37417	37417	37404	37404	37404	37393	37393	37393	37382	37382	37382	37371	37371	37371	37358
1.2.2	增值税进项税额				54908	48275	38458	26561	13887	2106	2106	2106	2106	2106	2106	2106	2106	2106	2106	2106	2106	2106	2106	2106
1.2.3	税金及附加								265	1643	1643	1558	1558	1558	1481	1481	1481	1405	1405	1405	1330	1330	1330	1240
1.2.4	增值税						144	2209	8221	13690	13690	12987	12987	12987	12344	12344	12344	11711	11711	11711	11080	11080	11080	10331
1.2.5	所得税							6819	−121	8428	8881	8008	8461	8915	8153	8607	9060	8318	8772	9225	8033	8033	8033	6618
1.2.6	其他流出							−126	121	121		2	−2	−2	2		−2	2		−2	2		−2	2
2	投资活动净现金流量	−155934	−332327	−176392	−2955	−356	−222	−126	−121			−2	2	−2	−2		2	−2		−2	−2		−2	2
2.1	现金流入							126	121	121														
2.2	现金流出	155934	332327	176392	2955	356	222	126	121			2	−2	2	2		2	2		2	2		2	
2.2.1	项目资本金投入	46780	332327	176392	2955	356	222	126	121															
2.2.2	建设投资	109154	99698	52918	887	107	67	38	36															
2.2.3	维持运营投资		232629	123474																				
2.2.4	流动资金				2069	249	155	88	85		−2	−2	2	−2	−2	−2	2	−2	2	−2	−2		−2	2
3	筹资活动净现金流量	155934	332327	176392	−20706	−23315	−61790	−60076	−58270	−56578	−54764	−52952	−51136	−49322	−47510	−45694	−43880	−42068	−40252	−103	−105	−103	−103	−105
3.1	现金流入	155934	332327	176392	2955	356	222	126	121			−2	−2	−2	−2	−2	−2	−2	−2	103	103	103	103	
3.1.1	各种借款	46780	332327	176392	2955	356	222	126	121															
3.1.2	建设投资借款	109154	99698	52918	887	107	67	38	36		−1	−1	−1	−1	−1	−1	−1	−1	−1	103	103	103	103	
3.1.3	流动资金借款		232629	123474	2069	249	155	88	85															
3.1.4	债券																							
3.1.5	短期借款																							
3.1.6	其他流入																							
3.2	现金流出				23662	23671	62013	60202	58391	56578	54764	52950	51136	49322	47508	45694	43880	42066	40252	103	103	103	103	
3.2.1	各种利息支出				23662	23671	23677	21867	20056	18242	16429	14615	12801	10987	9173	7359	5545	3731	1917					
3.2.2	偿还债务本金						38335	38335	38335	38335	38335	38335	38335	38335	38335	38335	38335	38335	38335					
3.2.3	应付利润																							
3.2.4	其他流出																			103	103	103	103	
3.2.5	偿还短期借款																							
4	净现金流量				18235	43821	21919	26137	28692	17441	18801	16182	17542	18903	16618	17978	19339	17113	18473	58169	54593	54593	54593	50347
5	累积盈余资金				18235	62056	83975	110112	138803	156244	175045	191227	208769	227672	244289	262267	281606	298719	317192	375361	429954	484547	539140	589487

附表F.10 项目投资现金流量表

单位：万元

序号	项目名称	建设期/年			运营期/年																		
		1	2	3	1	2	3	4	5	6	7	8	9	10	11	12	13	14	15	16	17	18	19	20
1	现金流入				70691	100848	120344	131082	137301	137301	137301	131195	131195	131195	125603	125603	125603	120102	120102	120102	114616	114616	114616	143972
1.1	营业收入（不含税）				62559	89246	106499	116002	121505	121505	121505	116102	116102	116102	111153	111153	111153	106285	106285	106285	101430	101430	101430	95666
1.2	增值税销项税				8133	11602	13845	15080	15796	15796	15796	15093	15093	15093	14450	14450	14450	13817	13817	13817	13186	13186	13186	12437
1.3	营业外收入																							
1.4	回收固定资产余值																							32098
1.5	回收流动资金																							3771
2	现金流出	155934	332327	176392	31750	33712	36491	38050	42117	54855	54855	54054	54056	54056	53322	53324	53324	52603	52604	52604	51885	51887	51887	51032
2.1	建设投资	155934	332327	176392																				
2.2	流动资金				2955	356	222	126	121			−2			−2			−2			−2			−2
2.3	经营成本				27735	31857	34483	35976	37417	37417	37417	37404	37404	37404	37393	37393	37393	37382	37382	37382	37371	37371	37371	37358
2.4	增值税进项税				1060	1499	1785	1948	2106	2106	2106	2106	2106	2106	2106	2106	2106	2106	2106	2106	2106	2106	2106	2106
2.5	税金及附加								265	1643	1643	1558	1558	1558	1481	1481	1481	1405	1405	1405	1330	1330	1330	1240
2.6	增值税								2209	13690	13690	12987	12987	12987	12344	12344	12344	11711	11711	11711	11080	11080	11080	10331
2.7	维持运营投资																							
3	所得税前净现金流量	−155934	−332327	−176392	38942	67136	83853	93032	95183	82446	82446	77141	77139	77139	72281	72279	72279	67499	67497	67497	62731	62729	62729	92939
4	调整所得税				986	6627	10284	12286	13236	12988	12988	11661	11661	11661	10446	10446	10446	9251	9251	9251	8059	8059	8059	6644
5	所得税后净现金流量	−155934	−332327	−176392	37956	60509	73570	80746	81948	69458	69458	65480	65478	65478	61834	61832	61832	58248	58246	58246	54672	54670	54670	86296

附表 F.11 项目资本金现金流量表

单位：万元

序号	项目名称	建设期/年			运营期/年																		
		1	2	3	1	2	3	4	5	6	7	8	9	10	11	12	13	14	15	16	17	18	19	20
1	现金流入				70691	100848	120344	131082	137301	137301	137301	131195	131195	131195	125603	125603	125603	120102	120102	120102	114616	114616	114616	143972
1.1	营业收入				62559	89246	106499	116002	121505	121505	121505	116102	116102	116102	111153	111153	111153	106285	106285	106285	101430	101430	101430	95666
1.2	增值税销项税				8133	11602	13845	15080	15796	15796	15796	15093	15093	15093	14450	14450	14450	13817	13817	13817	13186	13186	13186	12437
1.3	营业外收入（税费返还）																							
1.4	回收固定资产余值																							32098
1.5	回收流动资金																							3771
2	现金流出				53343	57134	98491	104983	108609	119860	118500	115014	113653	112293	108985	107625	106264	102989	101628	61933	60023	60023	60023	60395
2.1	项目资本金	46780	99698	52918																				
2.2	借款本金偿还	46780	99698	52918	887	107	67	38																
2.3	增值税进项税				1060	1499	1785	1948	2106	2106	2106	2106	2106	2106	2106	2106	2106	2106	2106	2106	2106	2106	2106	2106
2.4	借款利息支付				23662	23671	23677	21867	20056	18242	16429	14615	12801	10987	9173	7359	5545	3731	1917	103	103	103	103	103
2.5	经营成本				27735	31857	34483	35976	37417	37417	37417	37404	37404	37404	37393	37393	37393	37382	37382	37382	37371	37371	37371	37358
2.6	税金及附加								265	1643	1643	1558	1558	1558	1481	1481	1481	1405	1405	1405	1330	1330	1330	1240
2.7	增值税						144		2209	13690	13690	12987	12987	12987	12344	12344	12344	11711	11711	11711	11080	11080	11080	10331
2.8	所得税							6819	8221	8428	8881	8008	8461	8915	8153	8607	9060	8318	8772	9225	8033	8033	8033	6618
2.9	维持运营投资				17349	43714	21852	26099	28692	17441	18801	16182	17542	18903	16618	17978	19339	17113	18473	58169	54593	54593	54593	83577
3	净现金流量	-46780	-99698	-52918	17349	43714	21852	26099	28692	17441	18801	16182	17542	18903	16618	17978	19339	17113	18473	58169	54593	54593	54593	83577